Jacqueline Ammer

Social Media und die Entstehung von Essstörungen bei jungen Frauen

Schönheitsideale auf Facebook und Instagram

Bibliografische Information der Deutschen Nationalbibliothek:

Die Deutsche Nationalbibliothek verzeichnet diese Publikation in der Deutschen Nationalbibliografie; detaillierte bibliografische Daten sind im Internet über http://dnb.d-nb.de abrufbar.

Impressum:

Copyright © Science Factory 2020

Ein Imprint der GRIN Publishing GmbH, München

Druck und Bindung: Books on Demand GmbH, Norderstedt, Germany

Covergestaltung: GRIN Publishing GmbH

Danksagung

An dieser Stelle möchte ich mich bei allen bedanken, die mich bei dieser Bachelor-arbeit fachlich und persönlich unterstützt haben. Mein größter Dank geht an meine Familie, auf die ich mich in allen Lebenslagen verlassen kann und die mir immer zur Seite stehen. Meine Eltern, Rosmarie und Manfred, haben mir nicht nur finan-ziell dieses Studium ermöglicht, sondern sind mir auch bei all meinen Entscheidun-gen unterstützend und motivierend zur Seite gestanden.

Weiters möchte ich mich auch bei Frau MMag. Dr. Elke Höfler für die fachliche Be-treuung während der Verfassung der Bachelorarbeit bedanken. Ein herzliches Dan-keschön geht auch an meine Freundin Laura, die das Korrekturlesen der Arbeit übernommen hat. Abschließend möchte ich ein riesiges Dankeschön an alle meine Freunde aussprechen, die mich seelisch unterstützt und motiviert haben.

DANKE

Kurzfassung

Die vorliegende Arbeit befasst sich mit dem Einfluss von Facebook und Instagram auf die Entstehung von Essstörungen. Der Fokus liegt dabei auf der Zielgruppe junger Frauen im Alter von 15 bis 25 Jahren, da sich eine Essstörung zwischen dem 15. und 24. Lebensjahr entwickelt und deutlich mehr junge Frauen als Männer an Essstörungen erkranken. Die sozialen Medien Facebook und Instagram wurden gewählt, da sie fester Bestandteil des täglichen Lebens von Jugendlichen und jungen Erwachsenen geworden sind. Sie werden nicht nur für soziale Kontakte genutzt, sondern auch für die Selbstpräsentation. Studien zeigen, dass das weibliche Körperideal stark mit Schlankheit verknüpft ist und dadurch ein immer höherer Anspruch an den weiblichen Körper gestellt wird. Im Zuge der Arbeit konnte festgestellt werden, dass die medial inszenierten und idealisierten Körperbilder das Selbstwertgefühl junger Frauen senken und zu einer wesentlich geringeren Zufriedenheit mit dem eigenen Körper führen. Häufiger Konsum der sozialen Netzwerke Facebook und Instagram bewirkt bei jungen Frauen eine verzerrte Körperwahrnehmung und ein negatives Körperselbstbild. Dies verursacht oftmals essgestörtes Verhalten und kann weiters zu einer ernsthaften Essstörung führen.

Abstract

This thesis deals with the influence of Facebook and Instagram on the development of eating disorders. The focus is on the target group of young women between the ages of 15 and 25, since an eating disorder develops between the ages of 15 and 24 and significantly more young women than men suffer from eating disorders. Facebook and Instagram were chosen because they have become an important part of the daily lives of teenagers and young adults. They are not only used for social contacts, but also for self-presentation. Studies show that the female ideal of the body is strongly linked to slimness, which places ever higher demands on the female body. In the course of the research it could be determined that the idealized body images on social media lower the self-esteem of young women and lead to a considerably lower satisfaction with their own bodies. Frequent consumption of the social networks Facebook and Instagram causes a distorted body perception and a negative body self-image in young women. This often causes eating disorders and can also lead to a serious eating disorder.

Inhaltsverzeichnis

Danksagung III

Kurzfassung IV

Abstract V

1 Einleitung..1

2 Körperbild 3

2.1 Körperbild und Körperschema.. 3

2.2 Selbstwahrnehmung und Identität.. 4

2.3 Selbstwertgefühl und Körperzufriedenheit... 5

3 Essstörungen..7

3.1 Epidemiologie 8

3.2 Definition des Begriffs Essstörung.. 8

3.3 Ausprägungsformen von Essstörungen... 13

4 Einfluss der sozialen Medien 22

4.1 Definition des Begriffs soziale Medien... 23

4.2 Mediale Vermittlung von Körperidealen 27

4.3 Einfluss von Facebook und Instagram auf Essstörungen............................... 28

5 Fazit..42

Literaturverzeichnis 44

Abbildungsverzeichnis 54

1 Einleitung

In der heutigen Gesellschaft sind Social-Media-Plattformen wie Facebook und Instagram nicht mehr wegzudenken. Sie sind zum festen Bestandteil des täglichen Lebens von Jugendlichen und jungen Erwachsenen geworden (Feierabend, Plankenhorn , & Rathgeb, 2017, S. 3). Diese sind oft mit den bekannten Schönheitsidealen verknüpft und tragen immer stärker zur Meinungsbildung über Körperideale bei. Durch Schönheitsideale entstehen oftmals eine verzerrte Körperwahrnehmung und ein negatives Körperselbstbild, welche bis hin zu gesundheitsschädlichen Maßnahmen zur Gewichtsreduktion führen können (Ramelow, Teutsch, Hoffmann, & Felder-Puig, 2015, S. 26 f.). Aus Fastenkuren und extremen Diätverhalten können sich ernsthafte Essstörungen entwickeln. Vor allem junge Frauen versuchen diesen Idealen gerecht zu werden und sind häufig davon betroffen (Jacobi, Paul, & Thiel, 2004, S. 1).

Essstörungen gehören zu den häufigsten psychosomatischen Erkrankungen bei weiblichen Jugendlichen und jungen Frauen. Die Häufigkeit der Vollbilder für Magersucht liegt bei adoleszenten Mädchen und jungen Frauen bei 0,3–1 % und für Bulimie bei ca. 1–3 %. Weit mehr verbreitet als klinische Essstörungen sind Vorformen von Essstörungen. Dazu gehören zum Beispiel dauerhaft gezügeltes Essen, Diäthalten, Fressanfälle, gewichtsregulierende Verhaltensweisen sowie auch ständige gedankliche Beschäftigung mit Figur und Gewicht. Nach der Studie „Mental Health in Austrian Teenagers", bei der Jugendliche im Alter von 10 bis 18 Jahren einem Screening (SCOFF-Fragebogen) unterzogen wurden, gelten 30,9% der Mädchen als gefährdet eine Essstörung zu entwickeln (Rabeder-Fink, Palka, Brandstetter, Schrattenecker, & Steininger, 2016, S. 15).

Auch wenn biologische, psychische, familiäre und soziokulturelle Risikofaktoren stets in ihrem Zusammenwirken betrachtet werden müssen (Biedert, 2008, S. 20 f.), wird der hohe Stellenwert eines überschlanken und makellosen Körpers besonders häufig diskutiert. Dementsprechend werden oft soziale Medien für die gesellschaftlichen Rahmenbedingungen der Entstehung von Essstörungen verantwortlich gemacht (Baumann, Keller, Maurer, Quandt, & Schweiger, 2011).

Die Motivation für dieses Thema ergibt sich aus der Tatsache, dass ich selbst mit sozialen Medien aufgewachsen bin und täglich Plattformen wie Facebook und Instagram nutze. Ich musste immer häufiger feststellen, wie abhängig soziale Netzwerke machen und wie stark sie die Körperzufriedenheit beeinflussen können. Da diese Körperunzufriedenheit bei jungen Frauen jedoch nach wie vor ausgeprägter ist (HBSC-Studienverbund Deutschland, 2015, S. 1 f.) und die Geschlechterverteilung zeigt, dass deutlich mehr junge Frauen als junge Männer an Essstörungen erkranken (Bartholdy, Allen, Hodsoll, & et al., 2017, S. 696), soll sich diese Bachelorarbeit auf die weiblichen Betroffenen im Alter von 15 bis 25 Jahren beziehen.

Im Zuge dieser Arbeit soll folgende Forschungsfrage behandelt und geklärt werden: Welchen Einfluss haben Facebook und Instagram auf die Entstehung von Essstörungen bei jungen Frauen?

Zu Beginn dieser Bachelorarbeit werden theoretische Grundlagen und Definitionen wichtiger Begriffe beschrieben, um ein besseres Verständnis für deren Zusammenhang zu ermöglichen. Die Arbeit beginnt allgemein mit dem Thema Körperbild, gefolgt von Selbstwahrnehmung, Selbstwertgefühl und Körperzufriedenheit. Neben der Erläuterung des Begriffs Essstörung folgt die Darstellung der Ausprägungsformen von Essstörungen, sowie deren möglichen Folgen. Anschließend folgt die Verbindung zu den sozialen Netzwerken. Dieses Kapitel legt den Fokus auf die Netzwerke Facebook und Instagram und die Risiken, die sie mit sich bringen. Hier werden Themen, wie mediale Vermittlung von Körperidealen und Körpertrends dargestellt.

Ziel dieser Arbeit ist es herauszufinden, ob die sozialen Plattformen Facebook und Instagram negative Auswirkungen auf das Körperselbstbild von jungen Frauen haben und ob diese Einflussfaktoren auf die Entstehung von Essstörungen sind.

2 Körperbild

2.1 Körperbild und Körperschema

Unter „Körperbild" werden alle psychischen Anteile der Körpererfahrung verstanden. Gewöhnlich werden verschiedene Dimensionen des subjektiven Erlebens des eigenen Körpers darunter verstanden. Dazu zählen die Wahrnehmung, die Kognition, der Affekt und das Verhalten. Zu den Wahrnehmungen gehören die Wahrnehmungen des eigenen Körpers oder einzelner Merkmale, aber auch innerer Körpervorgänge und das Körpergefühl. Unter den Kognitionen fallen wertende Aspekte wie die Zufriedenheit mit dem Aussehen oder die Bedeutung des Aussehens für Selbstwert oder Lebensführung. Eng verknüpft sind damit das affektive Erleben und Befinden, sowie Auswirkungen auf das Verhalten (Martin & Svaldi, 2015).

Unter „Körperschema" werden alle physischen Bereiche der Körpererfahrung verstanden. Dies betrifft bewusst Gespürtes und Reflektiertes des eigenen Körpers. Körperschema wird aufgegliedert in Körperorientierung, Körperausdehnung und Körperkenntnis. Körperorientierung bedeutet die Orientierung am und im Körper mit Hilfe der Oberflächen- und Tiefensensibilität und vor allem der kinästhetischen Wahrnehmung (der Bewegungs-, Kraft- und Stellungssinn). Das Einschätzen von Größenverhältnissen, sowie die räumliche Ausdehnung des eigenen Körpers nennt man Körperausdehnung. Körperkenntnis bedeutet die faktische Kenntnis von Bau und Funktion des eigenen Körpers (Bielefeld, 1986, S. 17).

Ein intaktes Körperbild und Körperschema bilden die Grundvoraussetzung für eine gesunde Körpererfahrung. Sie beschreiben, wie man den Körper aktiv psychisch und physisch wahrnimmt. Störungen der einzelnen Komponenten können zu einer gestörten Selbstwahrnehmung und in weiterer Folge auch zu Krankheitsfällen führen. „Körperbildstörungen" können in einer oder mehreren der Körperbilddimensionen bestehen. Beispielsweise kann eine bestehende Unzufriedenheit mit dem eigenen Körper einhergehen mit der fehlerhaften Wahrnehmung der äußerlich beobachtbaren Erscheinung oder auch der Vermeidung von sozialen Situationen aufgrund des Aussehens. Wird von Körperbildstörungen im Sinne von psychischen Störungen gesprochen, assoziiert man hiermit vor allem Essstörungen oder auch die körperdysmorphe Störung (Martin & Svaldi, 2015, S. 475). Die körperdysmorphe Störung ist gekennzeichnet durch die übermäßige Beschäftigung mit wahrgenommenen körperlichen Makeln, die für andere gar nicht oder nur minimal wahrnehmbar sind (Buhlmann, Grocholewski, & Hartmann, 2018). Auf das Thema Essstörungen wird im dritten Kapitel näher eingegangen.

2.2 Selbstwahrnehmung und Identität

Selbstwahrnehmung oder Eigenwahrnehmung ist ein Resultat aus der Körpererfahrung. Sie beschreibt die Wahrnehmung des Selbst, der eigenen Person. Diese Wahrnehmung passiert über Sinnesorgane, genauso wie durch psychische Faktoren.

Es ist die Aufmerksamkeit, welche ein Mensch der eigenen Verfassung zukommen lässt. Das betrifft den Gesundheitsstatus, aber auch Gefühle und Empfindungen allgemein. Daher ist diese Wahrnehmung eine subjektive und unterliegt auch äußeren Einwirkungen, wie der Widerspiegelung der zwischenmenschlichen Beziehungen im Hinblick auf die Beziehungen mit sich selbst (Pfreundschuh, 2016). Selbstwahrnehmung ist ein Teilbereich der Identität eines Menschen.

Der Begriff Identität wurde nach dem Psychoanalytiker Erik H. Erikson als „… das Bewusstsein, ein unverwechselbares Individuum mit einer eigenen Lebensgeschichte zu sein, in seinem Handeln eine gewisse Konsequenz zu zeigen und in der Auseinandersetzung mit anderen eine Balance zwischen individuellen Ansprüchen und sozialen Erwartungen gefunden zu haben." definiert (Abels, 2006, S. 254).

Identität entwickelt sich demnach nicht nur aus dem Individuum, sondern hängt auch von gesellschaftlichen und sozialen Gegebenheiten ab. Der Konsum von sozialen Medien sowie die Anschlusskommunikation mit Familienmitgliedern und FreundInnen leisten zusammen einen wesentlichen Beitrag zur Identität und zum Selbstverständnis von jungen Menschen (Mikos, Hoffmann, & Winter, 2009, S. 14). Identität wird als die Übereinstimmung eines Subjekts mit sich selbst bezeichnet. Diese ist allerdings nicht stabil und unveränderlich, sondern muss vom Individuum erarbeitet und gegebenenfalls je nach Lebenskontext angepasst werden (Mikos, Hoffmann, & Winter, 2009, S. 163). In der alltäglichen Identitätsarbeit wird versucht, stimmige Passungen zwischen inneren und äußeren Erfahrungen zu schaffen und unterschiedliche Teilidentitäten zu verknüpfen (Keupp, et al., 1999, S. 60). Dabei handelt es sich um einen selbstreflexiven Prozess, in welchem die verschiedenen Erfahrungsinhalte des Individuums von diesem verknüpft werden (Mikos, Hoffmann, & Winter, 2009, S. 163).

Die Bedeutung, die der Körper in der Identität des Einzelnen trägt, hat sich im Laufe der Zeit verändert. Mittlerweile wird der Körper in seiner Bedeutung als Ausdrucksmittel für das Selbst in einer Person als Element der Identität verstanden, welches gestaltet werden kann und muss. Er wird als individuelles Gestaltungsobjekt gesehen, welches ein Bedeutungsträger für die Persönlichkeit des Einzelnen ist. Insgesamt beruht Identität heute mehr als früher auf instabilen Merkmalen wie zum Beispiel körperliche Charakteristika (Pöhlmann & Joraschky, 2006, S. 192 f.).

Jeder Mensch möchte individuell sein und sich mit diversen Merkmalen und Eigenschaften von anderen abgrenzen. Allerdings nur bis zu einem gewissen Maß, denn auch Zugehörigkeit wird als sehr wichtig empfunden. Es verbindet Menschen, wenn sie dieselben Interessen in gewissen Bereichen haben. Gleichheit verbindet und Individualität lässt Menschen aus der Masse hervorstechen. Wie ein Mensch die Balance zwischen diesen beiden Attributen hält, macht ebenfalls seine Identität aus. Erikson versteht Identität als einen lebenslangen Prozess (Abels, 2006, S. 250 ff.).

Selbstwahrnehmung, Selbstempfinden und Selbstgefühl sind zudem Grundlagen für das Selbstwertgefühl (Geuter, 2006, S. 260). Auf die Bedeutung des Selbstwertgefühls und der Körperzufriedenheit wird im nächsten Kapitel eingegangen.

2.3 Selbstwertgefühl und Körperzufriedenheit

Der Begriff „Selbstwert" steht dafür, sich selbst zu beurteilen und seiner Person einen Wert zuzuschreiben. Nach Asendorpf und Neyer wird das Selbstwertgefühl als subjektive Bewertung der eigenen Persönlichkeit und die Zufriedenheit mit sich selbst definiert. Das Selbstwertgefühl ist zeitlich etwas weniger stabil als das Selbstkonzept, da es auch durch allgemeine Stimmungsschwankungen beeinflusst wird. Seine Stabilität ist aber dennoch so hoch, dass es meist als Persönlichkeitseigenschaft angesehen wird (Asendorpf & Neyer, 2012, S. 208).

In mehreren Studien wurde nachgewiesen, dass Männer bereits in jungen Jahren ein höheres Selbstwertgefühl als Frauen aufweisen (Wimmer-Puchinger, Gutiérrez-Lobos, & Riecher-Rössler, 2016, S. 5) und Frauen generell unzufriedener mit sich selbst sind als Männer (Forster, 2002, S. 58).

Der Begriff „Körperzufriedenheit" bezieht sich ausschließlich auf das Aussehen des Körpers. Andere Aspekte, wie etwa die körperliche Gesundheit oder Leistungsfähigkeit, werden nicht durch ihn abgedeckt. Körperzufriedenheit kann als subjektive Bewertung des eigenen Aussehens verstanden werden (Blake, 2015, S. 7 f.).

Forscher konnten bestätigen, dass das Körperbild einen entscheidenden Einfluss auf das Selbstwertgefühl hat (Wimmer-Puchinger, Gutiérrez-Lobos, & Riecher-Rössler, 2016, S. 13). Diese körperbezogenen Gedanken und Einstellungen werden als Teilaspekt des Selbstkonzepts gesehen und haben somit einen unmittelbaren Einfluss auf den Selbstwert. Demzufolge steigt das Selbstwertgefühl, je zufriedener ein Mensch mit seiner äußeren Erscheinung ist. Umgekehrt ist der Selbstwert vergleichsweise niedrig bei Menschen, die sich nicht wohl in ihrer Haut fühlen. Zahlreichen Studien ist es gelungen, diesen Zusammenhang zwischen der Körperzufriedenheit und dem Selbstwertgefühl zu bestätigen (Forster, 2002, S. 61). Zudem konnte eine Wechselwirkung zwischen der Körperunzufriedenheit, einem negativen Selbstkonzept und einem niedrigen Selbstwertgefühl festgestellt werden. Es wird angenommen, dass der niedrige weibliche Selbstwert und die medial vermittelten Schönheitsideale dazu beitragen, dass sich der Wert einer Frau überwiegend an ihrem Aussehen bemisst. Dies behindert daher eine weibliche Identität, die sich durch Fähigkeiten und Persönlichkeit definiert (Wimmer-Puchinger, Gutiérrez-Lobos, & Riecher-Rössler, 2016, S. 14).

Für ein gesundes Selbstwertgefühl sind letztendlich Faktoren, wie ein positives Körperselbst, eine Übereinstimmung zwischen Körperbild und Körperbau, sowie die soziale Anerkennung und eine gelungene Identitätsfindung wichtig sind (Daszkowki, 2003, S. 12). Das Selbstwertgefühl kann allerdings anhand gesellschaftlicher bzw. medialer Beeinflussungen, beispielsweise durch medienkonstruierte Körperideale, gesenkt werden. Eine dadurch entstehende Unzufriedenheit mit dem eigenen Körper kann zu psychischen Problemen, aber auch zu gesundheitsschädigenden Maßnahmen führen. Dabei werden auch Essstörungen und restriktives Essverhalten als mögliche Folgen genannt. Aus diesem Grund wird die Thematik Essstörung im folgenden Kapitel genauer beschrieben.

3 Essstörungen

Essstörungen gehören zu den Verhaltensauffälligkeiten in Verbindung mit körperlichen Störungen (Hölling & Schlack, 2007, S. 794). Diese charakterisieren sich durch intensive Angst vor einer Gewichtszunahme, verändertem Essverhalten (Möller, Laux, & Kapfhammer, 2002, S. 268 ff.), eine Körperschemastörung, sowie eine Fehleinschätzung des eigenen Körpers als zu dick (Reich, Götz-Kühne, & Killius, 2004, S. 18). Unter dem Begriff Essstörung werden verschiedene Krankheitsbilder zusammengefasst, welche oft ineinander übergehen. Die häufigsten Formen der Essstörung sind die Anorexie, die Bulimie und die Binge-Eating-Störung. Die Betroffenen unterscheiden sich hinsichtlich ihres äußeren Erscheinungsbildes und der Psychodynamik. Psychodynamik bedeutet die Auswirkung innerseelischer Prozesse auf das Erleben der Erkrankung. Gemeinsam ist ihnen aber das Bedürfnis und die Funktion der Ernährung. Dies stellt ein Problem dar, welches mit erheblichen körperlichen, psychischen und auch sozialen Folgen hervorgerufen wird. Die Betroffenen werden davon in ihrem Tagesablauf, ihren sozialen Beziehungen und langfristig relevante persönliche Entscheidungen stark beeinflusst. Nach wie vor sind größtenteils Mädchen und junge Frauen betroffen. Der Altersbereich für die Entwicklung einer Essstörung wird zwischen 15 und 24 Jahren angegeben (Hölling & Schlack, 2007, S. 794).

Bei der Entstehung von Essstörungen wirken mehrere individuelle Einflussfaktoren zusammen. Die Ursachen liegen meist im persönlichen, sozialen und biologischen Bereich (Bundeszentrale für gesundheitliche Aufklärung, 2010, S. 12). Hierbei kann es sich um externe Risikofaktoren handeln, wie zum Beispiel gesellschaftliche, sowie auch um interne, wie bestimmte Persönlichkeitsmerkmale. Irrationale und medial propagierte Schönheitsideale werden oft mit Leistung, Erfolg und Anerkennung gleichgesetzt. Diese erschweren vor allem Jugendlichen, das veränderte Körperbild in ihr neu zu entwickelndes Identitätsverständnis zu integrieren. Wenn Jugendliche lernen, dass Attraktivität und Anerkennung an bestimmte Körperideale geknüpft sind, werden sie diese Standards auch in ihr Selbstschema initialisieren. Durch die Kontrolle über den eigenen Körper versuchen sie ihr niedriges Selbstwertgefühl und die Unzufriedenheit mit dem Äußeren zu kompensieren. Die auf diese Weise initiierten Diäten bekommen in Folge eine nicht zu stoppende Eigendynamik und können daher als wesentliche Eintrittspforten in eine Essstörung angesehen werden (Kompetenzzentrum für Menschen mit Essstörungen, 2018).

Das Schönheitsideal verbunden mit Diäten oder stark kontrolliertem Essverhalten kann ein Auslöser für Essstörungen sein. Andere psychogene Faktoren wie

Perfektionismus kann zu Unsicherheiten, niedrigen Selbstbewusstsein, Identitätsproblemen und demnach auch zu Essstörungen führen. Dabei kann die Störung als ein fehlgeleitetes Problemlösungsverhalten interpretiert werden bei dem der eigene Körper in den Fokus gestellt wird (Hölling & Schlack, 2007, S. 794).

3.1 Epidemiologie

Essstörungen zählen zu den häufigsten auftretenden chronischen Gesundheitsproblemen bei weiblichen Jugendlichen und jungen Frauen (Rabeder-Fink, Palka, Brandstetter, Schrattenecker, & Steininger, 2016, S. 15). Obwohl es für Österreich leider keine aktuellen epidemiologischen Zahlen gibt, ist in Bezug auf Essstörungen von einer hohen Dunkelziffer auszugehen (Langer, 2011, S. 208). Das Erstmanifestationsalter liegt zwischen dem 14. und 18. Lebensjahr (Simchen, 2016, S. 143), wobei das Erkrankungsrisiko etwa 30% aller Mädchen und jungen Frauen in Österreich beträgt (Bundesministerium für Gesundheit , 2011). Laut HBSC-Studie der WHO 2014 gaben 51 Prozent der österreichischen Mädchen im Alter von 15 Jahren an, sie seien zu dick, obwohl nur 12 Prozent laut Body-Mass-Index als übergewichtig eingestuft wurden. 24 Prozent hielten zum Zeitpunkt der Befragung Diät (Ramelow, Teutsch, Hoffmann, & Felder-Puig, 2015, S. 26 f.).

Essstörungen werden allerdings erst seit 1989 in Österreich als eigene Diagnose erfasst. Zu Beginn wurde nach ICD-9 diagnostiziert, das 2001 vom ICD-10 abgelöst wurde (Wimmer-Puchinger & Langer, 2011). Durch dieses Diagnostikverfahren konnten erstmals Zahlen über stationäre Aufenthalte aufgrund einer Essstörung erfasst werden. Während im Jahre 1998 1.520 Personen, davon 90% Frauen, in Österreich wegen einer Essstörung stationär aufgenommen wurden, so waren es im Jahre 2008 mit 2.734 Personen beinahe doppelt so viele. Diese Zahlen müssen jedoch kritisch betrachtet werden, da diese Studie nur Personen aufzeigt, die eine schwere Form der Erkrankung aufweisen (Bundesministerium für Gesundheit , 2011, S. 390).

3.2 Definition des Begriffs Essstörung

Bei Essstörungen handelt es sich um psychosomatische Erkrankungen mit Suchtcharakter (Wunderer & Schnebel, 2008, S. 21). Diese zeigen sich primär durch ein auffälliges Essverhalten (Cuntz & Hillert, 2008, S. 47). Dabei gilt die Menge an aufgenommener Nahrung bzw. das resultierende Körpergewicht als krankhaft (Herpertz, De Zwaan, & Zipfel, 2015, S. 4). Die psychischen Störungen sind nicht direkt erkennbar, sondern lassen sich aus den Angaben und dem Handeln der

Betroffenen feststellen. Die beschriebenen und wahrnehmbaren Aspekte der Symptomatik, die auf ein auffälliges Essverhalten und der daraus resultierenden psychischen, körperlichen und sozialen Folgen, können der Diagnostik als Kriterien dienen (Cuntz & Hillert, 2008, S. 47).

Jedes dieser drei Krankheitsbilder hat seine eigenen Symptome und Kennzeichen, die vereinzelt auch ineinander verlaufen können (Simchen, 2016, S. 127). Wie alle psychischen Störungen werden auch Essstörungen anhand zweier verschiedener Klassifikationsmodelle beschrieben und erklärt. Diese werden im „Diagnostischen und Statistischen Manual Psychischer Störungen" (DSM- 5) der American Psychatric Association und zweitens nach der „Internationalen Statistischen Klassifikation der Krankheiten" (ICD-10) der Weltgesundheitsorganisation (WHO) klassifiziert. Beide Klassifikationsmodelle weisen Gemeinsamkeiten auf und stimmen bis auf wenige Ausnahmen bei den Kriterien überein (Hogrefe, 2016).

3.2.1 Body-Mass-Index

Essstörungen werden nicht nur durch psychische Merkmale definiert, sondern auch durch das Körpergewicht. Denn bevor jemand als „zu dünn", „krank" oder „magersüchtig" bezeichnet wird, ist es wichtig das Normalgewicht zu bestimmen. Um aus medizinischer Sicht von Normalgewicht sprechen zu können, gibt es drei verschiedene Bezugsgrößen: die Gewichtsverteilung der Bevölkerung, die Körperfettmasse und das gesundheitliche Risiko (Cuntz & Hillert, 2008, S. 21).

Die bekannteste Methode herauszufinden in welchem Gewichtsbereich sich eine Person befindet bzw. das Idealgewicht zu bestimmen ist der sogenannte Body-Maß-Index (BMI). Der Body-Mass-Index ist eine Maßzahl zur Bewertung des Körpergewichts eines Menschen in Relation zu seiner Körpergröße. Dieser wird folgendermaßen berechnet: BMI= Körpergewicht (kg) / Körpergröße^2 (m). Der errechnete Wert wird danach anhand einer Tabelle (vgl. Tabelle 1) verglichen. So ist ein BMI von 18,5 als Normalgewicht, <18,5 als Untergewicht und >25,0 als Übergewicht einzustufen. Allerdings ist zu beachten, dass diese Werte kritisch betrachtet werden müssen (Wunderer, 2015, S. 33). Der BMI ist lediglich ein grober Richtwert, da er weder Körperbau noch Geschlecht noch die individuelle Zusammensetzung der Körpermaße aus Fett und Muskelgewebe eines Menschen berücksichtigt.

Kategorie	BMI (kg/m²)	
Starkes Untergewicht	< 16	
Mäßiges Untergewicht	16 – 17	Untergewicht
Leichtes Untergewicht	17 – 18,5	
Normalgewicht	18,5 – 25	Normalgewicht
Präadipositas	25 – 30	Übergewicht
Adipositas Grad I	30 – 35	
Adipositas Grad II	35 – 40	Adipositas
Adipositas Grad III	≥ 40	

Abbildung 1 BMI Gewichtstabelle basierend auf WHO
(BMI Gewichtstabelle, 2018)

Die Weltgesundheitsorganisation führte die geschlechtsabhängige BMI-Tabelle ein, um die natürlichen Unterschiede zwischen Männern und Frauen bei der Auswertung des BMI zu berücksichtigen (BMI Gewichtstabelle, 2018).

BMI-Klassifikation	Mann	Frau
Starkes Untergewicht	< 16.0	< 15.0
mäßiges Untergewicht	16,0–16,9	15.0-15.9
Leichtes Untergewicht	17,0–18,4	16.0-17.4
Normalgewicht	18,5–24,9	17.5-23.9
Übergewicht (Präadipositas)	25,0–29,9	24.0-28.9
Adipositas (Fettleibigkeit) Grad I	30,0–34,9	29.0-33.9
Adipositas Grad II	35,0–39,9	34.0-38.9
Adipositas Grad III	≥ 40,0	≥ 39

Abbildung 2 BMI-Tabelle: vergleich zwischen Männern und Frauen
(BMI Gewichtstabelle, 2018)

Die bis jetzt dargestellten BMI Grenzwerte beziehen sich auf eine Festlegung der WHO für Erwachsene. Zur Beurteilung des BMI bei Kindern und Jugendlichen bis 18 Jahren liegen alters- und geschlechtsspezifische Gewichtsperzentil-Kurven vor, anhand derer das individuelle Gewicht beurteilt werden muss (Rabeder-Fink, Palka, Brandstetter, Schrattenecker, & Steininger, 2016, S. 14). Aufgrund des Schwerpunktes der vorliegenden Arbeit werden auch noch die Perzentilenkurven für den BMI der Mädchen dargestellt (vgl. Abb. 1). Die 3. und 10. Perzentile wird zur Definition von ausgeprägtem Untergewicht bzw. Untergewicht herangezogen (Kromeyer-Hauschild, Wabitsch, & Kunze, 2001, S. 811).

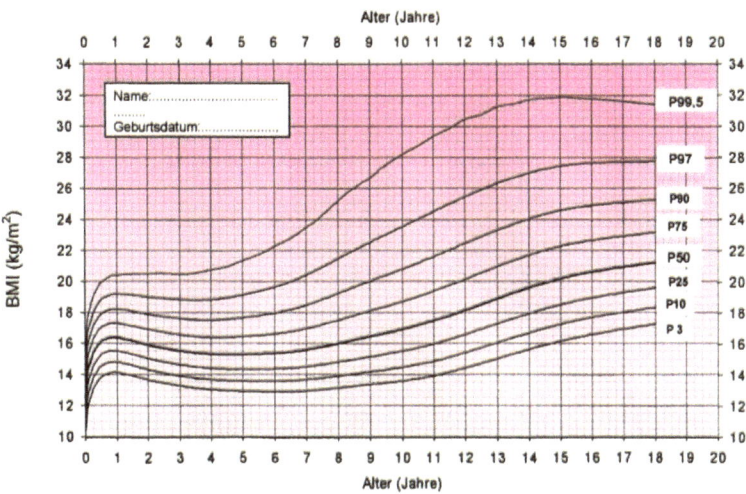

Abbildung 3 Perzentillenkurven für den BMI der Mädchen von 0-18 Jahren (Kromeyer-Hauschild, Wabitsch, & Kunze, 2001)

3.2.2 Waist-to-Hip-Ratio

Die Körperzusammensetzung ist ein wichtiger Parameter zur Einschätzung des Gesundheitszustandes beziehungsweise des Krankheitsrisikos, wobei die Fettverteilung eine wesentliche Rolle spielt. Als Taille-Hüft-Verhältnis (THV) oder auf Englisch Waist-to-Hip-Ratio (WHR) bezeichnet man das Verhältnis von Taillenumfang und Hüftumfang (Pandey & Miklautsch, 2010, S. 12).

Die WHR gibt damit Auskunft über die Körperform bzw. die Fettverteilung. Oft wird in dem Zusammenhang der bekannte Apfel- oder Birnentyp zitiert. Aus der psychologischen Forschung ist bekannt, dass das Taille-Hüft-Verhältnis von Frauen ihr Empfinden über ihre Attraktivität beeinflusst. Frauen mit einer WHR ≤ 0,7 werden auch von Männern als attraktiver beurteilt. Aus der medizinischen Forschung wiederum ist bekannt, dass auch das kardiovaskuläre Risiko eng mit der WHR assoziiert ist (Hansbauer, 2012, S. 151).

Die WHO befasste sich 2008 im Detail mit der Waist-to-Hip-Ratio, unter anderem auch mit den Messmethoden zur Bestimmung des WHR. Gemessen wird zunächst der Taillenumfang zwischen dem Unterrand der untersten tastbaren Rippe und dem Oberrand des Beckenkammes. Der Hüftumfang wird um den breitesten Teil des Gesäßes, parallel zum Boden gemessen. Für beide Messungen stehen die Patientin bzw. der Patient mit seitwärtsgestreckten Armen und geschlossenen Beinen gerade. Die Messung erfolgt am Ende einer normalen Ausatmung. Jede Messung sollte zweimal erfolgen und ein Mittelwert gebildet werden. Berechnet wird dabei der Taille-Hüfte-Quotient, der das Fettverteilungsmuster mitberücksichtigt. Der Quotient berechnet sich nach der Formel WHR = Taillenumfang in cm/Hüftumfang in cm. Dieser sollte laut WHO für Männer unter 1 und für Frauen unter 0,85 liegen (siehe Abbildung 2) (Hansbauer, 2012, S. 151 f.).

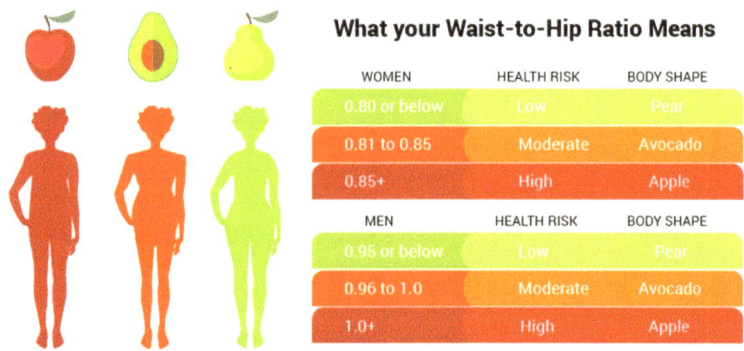

Abbildung 4 Waist-Hip-Ratio
(Health Jade, 2019)

3.2.3 Bioelektrische Impedanzanalyse

Das klassische Messsystem des BMI macht nicht immer zuverlässige Aussagen über den Fettanteil. Im medizinischen Bereich hat sich zur Messung der Körperzusammensetzung schon lange die Bioelektrische Impedanzanalyse (BIA), durchgesetzt, die sehr genaue Kontrollergebnisse liefert und wissenschaftlich anerkannt ist (Tomczak, 2003, S. 34).

Das Prinzip der bioelektrischen Impedanzanalyse basiert auf der Messung des elektrischen Gesamtwiderstandes des Körpers (Impedanz). Der erzeugte Wechselstrom wird bei einer Frequenz von 50 kHz durch im Körper enthaltene Elektrolyte weitergeleitet und die Impedanz (Z) ermittelt. Die Impedanz wird errechnet, indem die gemessene Stromspannung (V) durch die eingeleitete Stromstärke (I) geteilt wird (Z=V/I).

Durch die unterschiedlich gute Leitfähigkeit der Körperkompartimente können so Rückschlüsse auf die Körperkomposition gezogen werden. Diese Messmethode differenziert unter anderem Körperfett, Muskelmasse und Wasserhaushalt eines Menschen. Dies gibt Aufschluss über die Gesundheit und Funktion des Körpers und stellt ein medizinisches Diagnoseinstrument dar (Tomczak, 2003, S. 37 ff.).

3.3 Ausprägungsformen von Essstörungen

Wie schon im Kapitel 3 erwähnt, wird zwischen drei Ausprägungsformen von Essstörungen unterschieden, wobei Mischformen häufig und die Übergänge fließend sind. Diese drei Ausprägungsformen sind die Anorexia nervosa, die Bulimia nervosa und die Binge-Eating-Störung (Simchen, 2016, S. 127). In den darauffolgenden Kapiteln werden die Arten von Essstörungen und mögliche gesundheitliche Folgen näher beschrieben.

3.3.1 Anorexia nervosa

Die Bezeichnung „Anorexia nervosa", auch Magersucht genannt, leitet sich aus dem Griechischem ab. Der Begriff „Anorexia" bedeutet Appetitlosigkeit und der Zusatz „nervosa" deutet, auf die psychische Erkrankung hin und bedeutet somit psychisch bedingte Appetitlosigkeit. Wobei der Ausdruck Appetitlosigkeit irreführend ist, da die Erkrankten nicht unter Appetitmangel leiden, sondern versuchen das Hungergefühl und den Appetit zu beherrschen (Reich, Götz-Kühne, & Killius, 2004, S. 18 ff.).

3.3.1.1 Krankheitsbild

Die Symptomatik einer Anorexie ist größtenteils vielschichtig und äußert sich sowohl auf körperlicher als auch auf psychischer Ebene.

Ein klassisches Merkmal für die Anorexie ist die strikte Kontrolle der Nahrungsaufnahme und das Vermeiden von hochkalorischer Nahrung. Ebenfalls kennzeichnend für die Erkrankung ist ein starker Widerstand gegen gewichtsaufbauende Maßnahmen (Rabeder-Fink, Palka, Brandstetter, Schrattenecker, & Steininger, 2016, S. 16), sowie die Verweigerung, das Körpergewicht oberhalb der Minimalgrenze zu halten. Diese Grenze wird unterschiedlich definiert. Im DSM-5 wird vorgegeben, dass das Gewicht der bzw. des Betroffenen mehr als 15% unter dem Wert liegt, der für das jeweilige Alter und die Größe angemessen wäre (Saß, Wittchen, Zaudig, & Houben, 2003, S. 645). Das Vorgehen der ICD-10 ist ähnlich, aber zusätzlich wird ab dem 16. Lebensjahr der BMI mit einem Grenzwert von 17,5 kg/m^2 verwendet

(Dilling, Mombour, & Schmidt, 2013, S. 137). Das auffälligste Merkmal bei einer bereits seit einiger Zeit bestehenden Erkrankung ist der dürre und ausgezehrte Körper (Reich, Götz-Kühne, & Killius, 2004, S. 18 ff.).

Das DSM-5 unterscheidet bei Magersucht zwischen dem „restriktiven Typ" und dem „binge- eating/ purging- Typ". Ersterer zeichnet sich durch fehlende Fressanfälle aus, wo hingegen der zweite Typ mit regelmäßigen Essanfällen kämpfen muss, die wiederum selbstinduziertes Erbrechen und der Missbrauch von Abführmitteln zur Folge haben (Simchen, 2016, S. 55). Diese Art von Anorexie wird demnach auch als „bulimische Anorexie" bezeichnet. Diese Form unterscheidet sich jedoch stark von der normalen Bulimie, die im Gegensatz zur Anorexie kein extremes Untergewicht aufweist, allerdings können beide Krankheitsformen ineinanderlaufen (Wunderer, 2015, S. 37).

Auf psychischer Ebene dominiert die Angst vor einer Gewichtszunahme und der damit verbundenen Veränderung der Figur. Die entwickelte Furcht vor Nahrung und Gewichtszunahme kann mit dem Fortschreiten des Gewichtsverlustes immer stärker werden (Reich, Götz-Kühne, & Killius, 2004, S. 18 ff.). Ein niedriges Gewicht wird als erstrebenswert angesehen und kann im Laufe der Zeit in einem immer größeren Ausmaß das Selbstwertgefühl bestimmen. Es kann ein für die PatientInnen positives Gefühl von Kontrolle und Macht über den eigenen Körper entstehen. Das ist ein Grund dafür, weshalb oft die Einsicht einer Erkrankung fehlt und die Betroffenen selten aus eigener Initiative Hilfe suchen. Essen, Gewicht und Aussehen sind grundsätzlich von großer Bedeutung für die PatientInnen und die Beschäftigung mit diesen Themen kann deren Tagesablauf erheblich beeinflussen (Fairburn & Harrison, 2003, S. 407 ff.).

Die Krankheit beginnt in den meisten Fällen mit einer Diät und setzt sich fort mit dem gezielten, kategorischen Vermeiden von hochkalorischen Lebensmitteln (Remschmidt, 2011, S. 279). Diese führt im Laufe der Zeit zu einer extremen Reduktion der aufgenommenen Nahrung unter einer strikten Esskontrolle. Kombiniert wird dies oftmals mit übertriebener körperlicher Aktivität. Fallweise greifen die Betroffenen auch zu anderweitigen gewichtsreduzierenden Maßnahmen, wie die Einnahme von Abführmitteln oder selbst induziertem Erbrechen (Biedert, 2008, S. 11). Im Verlauf zeigen sich häufig krankhafte Verhaltensweisen wie das Kauen und Ausspucken von Nahrungsmitteln, eine übermäßige Flüssigkeitszufuhr vor den Mahlzeiten sowie die Ablehnung, in Gesellschaft Nahrung zu sich zu nehmen (Herpertz, Herpertz-Dahlmann, Fichter, Tuschen-Caffier, & Zeeck, 2011, S. 3).

Um ihr Gewicht ständig unter Kontrolle zu haben, überprüfen Betroffene es meist mehrmals täglich indem sie sich wiegen (Heinrichs & Lohaus, 2011, S. 164).

Eine exzessive Beschäftigung mit den Themen Ernährung, Figur und Gewicht und das niedrige Selbstwertgefühl sind genauso wie die Panik vor einer Gewichtszunahme eindeutige Hinweise auf die entsprechende Diagnose (Benecke, 2014, S. 344). Sogar bei extrem niedrigem Körpergewicht wird der eigene Körper oder einzelne Körperteile noch als zu dick empfunden. Diese Körperschemastörung ist ein zentrales Symptom und Diagnosekriterium für die Anorexia nervosa (Remschmidt, 2011, S. 278).

3.3.1.2 Folgen und Risiken

Die Unterernährung sowie das Hungern der Betroffenen haben erhebliche physiologische Beeinträchtigungen zur Folge. Die häufigste und sichtbarste Folge der Magersucht ist der extreme Gewichtsverlust, der lebensbedrohlich werden kann. Durch die starke Unterernährung kommt es zu zahlreichen schädlichen Mangelerscheinungen. Die hormonellen Störungen sind vielfältig und betreffen vor allem den Menstruationszyklus. Nicht selten kommt es zu einem Elektrolytverlust, Störungen der Blutbildung im Knochenmark oder einem Enzymanstieg in den Organen. Weitere körperliche Folgen können Muskelschwäche, Hauttrockenheit, Haarausfall, flaumartiger Behaarung, Hautverfärbungen, Absinken der Körpertemperatur, verlangsamter Herzschlag, niedriger Blutdruck, Herzrhythmusstörungen oder Osteoporose sein (Herpertz, De Zwaan, & Zipfel, 2015, S. 216 ff.).

Zusätzlich zu den körperlichen Risiken treten bei Essstörungen für gewöhnlich auch psychische Begleiterkrankungen auf. Im Falle der Anorexie tritt diese häufig in Form von Angststörungen Zwangsstörungen und Konzentrationsstörungen auf. Außerdem kann es zu einem Leistungsabfall, sozialer Isolierung, oder auch selbstverletzendem Verhalten kommen. Nicht wenige der Betroffenen, die unter lang andauernder Magersucht leiden, entwickeln so starke Depressionen, dass es zu Selbstmordversuchen kommt (Remschmidt, 2011, S. 279).

3.3.2 Bulimia nervosa

Der Begriff „Bulimia" kommt aus dem Griechischen und setzt sich aus den Worten „bous" (=Ochse) und „limos" (=Hunger) zusammen und bedeutet wörtlich Ochsenhunger. Der Zusatz „nervosa" deutet, wie bei der Anorexia nervosa, auf die psychische Erkrankung hin (Westenhöfer, 1992, S. 55).

15

Die Bezeichnung Ochsenhunger bezieht sich auf das Hauptmerkmal der Bulimie, die Heißhungerattacken, welche von den Betroffenen nicht mehr kontrolliert werden können. Die Krankheit ist auch unter der Bezeichnung Ess-Brech-Sucht bekannt. Auch hier ist der Ausdruck irreführend, da nicht immer erbrochen wird (Reich, Götz-Kühne, & Killius, 2004, S. 22 f.).

3.3.2.1 Krankheitsbild

Die Bulimia nervosa zeichnet sich ebenfalls durch eine Veränderung des gewohnten Essverhaltens aus. Die Betroffenen halten sich an strikte, selbstauferlegte Regeln bezüglich der Ernährung und verfolgen ebenfalls ein unnatürliches Schlankheitsideal (Legenbauer & Vocks, 2014, S. 13).

PatientInnen mit Bulimie erscheinen auf den ersten Blick unauffällig, da sie oft ein normales Körpergewicht aufweisen. Ein kennzeichnendes Merkmal der Bulimia nervosa sind regelmäßige wiederkehrende Fressanfälle mit kompensatorischen Maßnahmen (Wunderer, 2015, S. 44). Hierbei wird ein als belastend erlebter Kontrollverlust beschrieben, der zur Folge hat, dass die Betroffenen hochkalorische Mengen an Nahrung in verhältnismäßig kurzer Zeit zu sich nehmen (Fichter & Goebel, 1991, S. 39). Dabei verlieren die Betroffenen oft das Hunger- und Sättigungsgefühl (Reich, Götz-Kühne, & Killius, 2004, S. 22).

Die Auslöser eines Anfalls können negative Stimmungszustände, zwischenmenschliche Belastungssituationen oder undefinierte Spannungszustände sein. Durch die Attacke kommt es erst zu einer Erleichterung, anschließend aber oft zu einem Stimmungsknick mit depressiver Stimmung und Schuldgefühlen. Gefolgt werden die Essattacken meist von gegensteuernden Maßnahmen, da Angst vor einer Gewichtszunahme durch die übermäßig zugeführten Kalorien besteht. Dazu werden oft mehrere Methoden angewandt, darunter zu 80-90% selbst induziertes Erbrechen. Auch die Einnahme von abführenden oder entwässernden Medikamenten werden in manchen Fällen als gewichtsregulierende Maßnahme genutzt (Saß, Wittchen, Zaudig, & Houben, 2003, S. 647). Im DSM-5 wird diese Art der Erkrankung als „Purging-Typ" angeführt. Rund 20% der Betroffenen nehmen Abführmittel entweder gleich nach den Essattacken oder routinemäßig jeden Tag in erheblichen Umfang mit der Erwartung ein, die Resorption der Nahrung im Darm zu verringern und somit das Gewicht zu reduzieren (Tuschen-Caffier & Florin, 2002, S. 9).

Bei einer weiteren Form der Bulimia nervosa, dem „Non-Purging-Typ", nutzen Betroffene ausschließlich mittelfristige Strategien zur Kalorienreduktion. Bei diesem Typ liegen ebenso Essattacken vor, denen aber durch Fasten, gezügeltes Essen oder übertriebene körperliche Aktivität entgegengewirkt wird. Das heißt hierbei erbrechen die Betroffenen nicht, haben aber andere unvernünftige Verhaltensweisen (Tuschen-Caffier & Florin, 2002, S. 9 ff.).

Das Körpergewicht befindet sich in der Regel im normalen, altersentsprechenden Bereich. Dies lässt sich damit begründen, dass bei den Essattacken trotz gegensteuernder Maßnahmen ein Teil der Nahrung verwertet wird und so ausreichend Nährstoffe aufgenommen werden, auch wenn zwischen den Anfällen ein restriktives Essverhalten vorherrscht (Fairburn & Harrison, 2003, S. 409).

3.3.2.2 Folgen und Risiken

Die gesundheitlichen Folgeerscheinungen von Bulimie werden, aufgrund des relativ normalen Gewichts der Erkrankten, oft unterschätzt. Durch das häufige Erbrechen können Entzündungen der Speiseröhre, Speiseröhrenrisse, Magengeschwüre, Schwellungen der Speicheldrüsen und Zahnschmelzschäden entstehen. Ebenfalls kann ein Elektrolytverlust zu Nierenschäden und Herzrhythmusstörungen führen (Biedert, 2008, S. 15). Nach außen führen die Betroffenen ein unauffälliges Leben. Mit Fortschreiten der Krankheit können sie jedoch ihren gesellschaftlichen Verpflichtungen immer weniger nachkommen und ziehen sich zurück. Nicht selten gehen auch Depressionen oder Selbstverletzungen mit der Krankheit einher. Durch den Erwerb großer Nahrungsmittelmengen kann es auch zu finanziellen Schwierigkeiten kommen (Rabeder-Fink, Palka, Brandstetter, Schrattenecker, & Steininger, 2016, S. 18).

3.3.3 Binge-Eating-Störung

Seit 1994 wird die Binge-Eating-Störung von der Bulimia nervosa unterschieden. Als eigenständiges Krankheitsbild werden auch hier Essattacken geführt. Die Erkrankung wird 2013 als anerkannte Störung in die Diagnostischen und Statistischen Manual Psychischer Störungen aufgenommen. Zuvor wurde sie unter der Kategorie der nicht näher bezeichneten Essstörung geführt (Crowther & Ridolfi, 2012, S. 294).

Diese Erkrankung bezeichnet immer wiederkehrende Fressanfälle, die durch eine große Nahrungsaufnahme in geringer Zeit und einem Kontrollverlust über das Essen gekennzeichnet sind. Diese Fressanfälle treten an mindestens 2 Tagen in der Woche auf und gehen über mindestens 6 Monate (Crowther & Ridolfi, 2012, S. 294). Die Betroffenen ergreifen im Gegensatz zu an Bulimie Erkrankten keine Gegenmaßnahmen zur Gewichtsreduzierung (Reich, Götz-Kühne, & Killius, 2004, S. 24 f.). Weitere diagnostische Symptome nach DSM-5 sind:

- Die Nahrung wird schneller als üblich, in großen Mengen ohne Hungergefühl, bis hin zum unangenehmen Völlegefühl gegessen.
- Angesichts des Schamgefühls bezüglich der großen Mengen wird alleine gegessen.
- Bei den Betroffenen treten Selbstekel, depressive Symptomatiken bzw. starke Schuldgefühle auf.
- Mit ihren Gedanken sind sie zwanghaft auf das Essen fixiert und aufgrund der fehlenden Gegenmaßnahmen auch oft übergewichtig. Die Binge Eating Disorder kann aber genauso bei normalgewichtigen Personen auftreten.
- Das Hunger- und Sättigungsgefühl geht verloren.
- Die Betroffenen leiden an einem negativen Körperbild, starken Figur- und Gewichtssorgen, empfinden oft Selbstverachtung und lehnen ihren Körper und sich selbst ab (Reich, Götz-Kühne, & Killius, 2004, S. 24 f.).

3.3.3.1 Folgen und Risiken

Die Binge-Eating-Störung geht mit einer Reihe von Funktionseinschränkungen einher. Im Vergleich zu Kontrollpersonen mit einem vergleichbaren BMI weisen Betroffene mit Binge-Eating-Störung eine erschwerte Anpassung an soziale Rollen, eine eingeschränkte gesundheitsbezogene Lebensqualität und Lebenszufriedenheit sowie eine erhöhte körperliche Krankheitshäufigkeit auf. Zusätzlich besteht ein erhöhtes Risiko für eine Gewichtszunahme und die Entwicklung einer Adipositas (Rabeder-Fink, Palka, Brandstetter, Schrattenecker, & Steininger, 2016, S. 19).

3.3.4 Orthorexia nervosa

Neben den klassischen Essstörungen Anorexia nervosa, Bulimia nervosa und der Binge-Eating-Störung wird immer häufiger die Orthorexia nervosa thematisiert. Der Begriff Orthorexie wurde 1997 erstmals vom US-amerikanischen Alternativmediziner Steven Bratman verwendet (Klotter, Depa, & Humme, 2015, S. 3). Der Begriff Orthorexia nervosa hat seinen Ursprung im Griechischen. Dieser leitet sich von „orthos" (=richtig), „orexis" (=Appetit), sowie „nervosa" Fixierung ab. Orthorexia nervosa bezeichnet demnach eine krankhafte Fixierung auf „richtige" bzw. „gesunde" Lebensmittel (Klotter, Depa, & Humme, 2015, S. 4).

Es spiegelt einen Lebensstil wider, der über Ernährungsgewohnheiten Werthaltungen vermittelt und Identität stiftet. Orthorexie als extreme Ausprägung ist allerdings mehr als nur Ausdruck dieses Lebensstils, sondern kann als Form einer Essstörung angesehen werden (Pietrowsky & Barthels, 2016, S. 189). Im Gegensatz zu Essstörungen wie Magersucht und Bulimie ist Orthorexie offiziell nicht als eigenständiges Krankheitsbild anerkannt. Einige Mediziner sehen es eher als Zwangsstörung, die aber durchaus in eine manifeste Essstörung münden kann. Andere halten die Fixierung auf gesundes Essen für ein Teilsymptom einer bereits bestehenden Essstörung. Wegen dieser Schwierigkeiten bei der Zuordnung ist die Orthorexia nervosa weder in die internationale noch die deutsche Krankheitsklassifikation aufgenommen (Cvitkovich-Steiner , 2005, S. 7).

Zur Klassifizierung von Orthorexia nervosa gilt nicht die gesunde Ernährungsweise als ausschlaggebender Faktor, sondern die zwanghafte Durchführung dieser. Orthorexia nervosa führt zu einer extremen Fixierung auf gesunde Ernährung, wodurch das Leben Betroffener massiv beeinträchtigt wird, dass die Ernährungsweise definitiv nicht mehr als gesund betrachtet werden kann. Dabei wird nicht nur der körperliche Zustand der Erkrankten, sondern auch deren psychische Gesundheit zutiefst gefährdet.

Einige der 15 Merkmale von Orthorexia nervosa sind unter anderem die Berechnung des Mikronährstoffgehaltes, die Angst, durch bestimmte Lebensmittel zu erkranken und die Angst vor Kontrollverlust über Lebensmittelreinheit (Klotter, Depa, & Humme, 2015, S. 10).

Die Betroffenen stehen unter dem krankhaften Zwang, sich gesund ernähren zu müssen, wobei der Begriff der Gesundheit immer enger gezogen wird. Bei der Orthorexie rückt nicht die Quantität der Nahrungszufuhr, sondern die Qualität der Lebensmittel und die krankhafte Sorge darum in den Vordergrund. Die Grenze zwischen gesundem und zwanghaft gesundem Essen ist oft fließend. Charakteristisch für Orthorexie ist, dass sich die Betroffenen bestimmte Zubereitungsarten oder Zeitpläne ihrer Mahlzeiten machen. So dürfen Nahrungsmittel beispielsweise nur in bestimmten Kombinationen oder zu bestimmten Zeiten gegessen werden. Einkauf, Organisation und Zubereitung der Mahlzeiten nehmen eine große Rolle ein. Damit treten der Genuss und die Freude am Essen in den Hintergrund. Die Kriterien für „ungesunde" Lebensmittel sind subjektiv gewählt. Die beliebtesten Quellen des Unheils: Fleisch, Fett, Zusatzstoffe, Pestizide oder aber der Akt des Erhitzens. Oft wird zum Beispiel Gluten gemieden, auch wenn keine Glutenunverträglichkeit vorliegt. Viele verzichten aufgrund eventueller Schadstoffe auf Produkte aus konventionellem Anbau. Andere meiden Nahrungsmittel, die als krebserregend gelten. Im Extremfall ernähren sich OrthorektikerInnen nur noch von rohem Gemüse und Obst.

Abweichungen vom selbst auferlegten Speiseplan lösen bei Betroffenen meist Schuldgefühle und Unruhe aus. Im Gegensatz gibt ihnen das Einhalten der Diät das Gefühl von Kontrolle und Sicherheit.

Orthorexie entwickelt sich meist schleichend und scheinbar harmlos. Am Beginn steht vielfach der Entschluss abzunehmen oder die Intention, den allgemeinen Gesundheitszustand zu verbessern (Klotter, Depa, & Humme, 2015, S. 17 f.). Durch Verunsicherung vieler Berichte über Lebensmittelskandale oder Tierhaltung in den Medien kann sich aus einem normalen Ernährungsbewusstsein plötzlich ein übertriebener Gesundheitsfanatismus entwickeln (Klotter, Depa, & Humme, 2015, S. 23).

Dabei geht das Grundvertrauen in die eigenen Körpersignale verloren. Aber auch Spontanität, Vergnügen und Genuss, was oft zu gesellschaftlicher Isolation führen kann. Zudem führt einseitiges und restriktives Essverhalten zu einer Mangelerscheinung an Mikronährstoffen, einer Unterversorgung an Makronährstoffen und zu diversen Krankheiten (Cvitkovich-Steiner , 2005, S. 7 f.).

3.3.5 Gestörtes Essverhalten

Essstörungen können auch als gestörtes Essverhalten bezeichnet werden. Heutzutage ist es nahezu unmöglich ein normales Essverhalten zu beschreiben, denn geregelte Essenszeiten sind bei den meisten Personen kaum noch erkennbar. Ergebnisse aus dem Kinder- und Jugendgesundheitssurvey des Robert Koch- Institutes weisen darauf hin, dass in Deutschland fast 22% der weiblichen Jugendlichen zwischen 11 und 17 Jahren ein gestörtes Essverhalten aufweisen (Hölling & Schlack, 2007, S. 795). Der Frauengesundheitsbericht des Bundesministeriums für Gesundheit zeigt, dass besonders Mädchen und junge Frauen ein restriktives Essverhalten aufweisen. So finden 59% der untergewichtigen Mädchen ihren Körper gerade richtig und 7% davon machen sogar auch noch eine Diät (Boltzmann, 2005, S. 24).

Unter restriktiven Essverhalten versteht man das Halten von Diäten, welches ein wesentliches Symptom von Essstörungen ist. Gedanken und Sorgen um Figur und Gewicht in Verbindung mit restriktiven Essverhalten können oft Vorläufer einer Essstörung sein. Allerdings kann das Halten von Diäten nicht als kausaler Einflussfaktor bezeichnet werden. Jedoch zeigt sich, dass Mädchen die bei Beginn einer Diät als gesund eingestuft wurden, oft nach einer Gewichtsreduktion depressiv wurden. Es zeigten sich Symptome wie das exzessive Beschäftigen mit dem Körper und der Nahrung. Zusätzlich kommt hinzu, dass vor allem der Verzicht von Lebensmitteln zu Heißhungerattacken führen kann. Personen, die wenig und restriktiv essen, neigen öfters dazu sich zu überessen und dadurch mehr zu zunehmen, als Personen, die ein geregeltes Essverhalten haben. Dieser Prozess wird der Sucht gleichgestellt, den auch Symptome, wie Zurückgezogenheit, Schuldgefühle, Scham und Falscheinschätzung treten bei einem restriktiven Essverhalten auf (Wunderer, 2015, S. 75 f.).

Nach der Erläuterung der Grundlagen des Körperbildes und der Essstörungen, soll im folgenden Kapitel vertiefend der Frage nachgegangen werden in welchem Zusammenhang die sozialen Netzwerke, Facebook und Instagram, mit der Entstehung von Essstörungen stehen

4 Einfluss der sozialen Medien

Noch nie zuvor waren soziale Medien so umfassend und präsent wie heutzutage. Sie sind ein selbstverständlicher Bestandteil des Medienalltags junger Menschen geworden.

Laut der JIM-Studie von 2017 gilt für 97% der Jugendlichen das Smartphone als unverzichtbarer Begleiter im Alltag. Dieses ermöglicht einen leichten Zugang zum Internet und somit zu den sozialen Medien. Knapp die Hälfte der Zeit, die Jugendliche im Netz verbringen, nutzen sie zur Kommunikation über soziale Netzwerke (Feierabend, Plankenhorn, & Rathgeb, 2017, S. 7 f.). Die sozialen Medien, oder auch „Web 2.0", erschaffen jedoch nicht nur eine eigene Cyberwelt, sondern ermöglichen auch eine ständige Verfügbarkeit. Dies dient nicht nur um ständig zu kommunizieren, sondern dient auch als Ort, um sich selbst zu präsentieren (Kühne & Hintenberger, 2009, S. 17). Die Jugendlichen haben eine große Auswahl an verschiedensten Social-Media-Kanälen. Zu den drei meistgenutzten Social-Media-Plattformen zählen unter anderem Instagram, Snapchat und Facebook. Diese Medien bieten ein geeignetes Forum, um die Selbstpräsentation und die soziale Positionierung zu verwirklichen (Feierabend, Plankenhorn , & Rathgeb, 2017, S. 33 ff.). NutzerInnen können sich nämlich so darstellen, wie sie sich selbst sehen und gesehen werden möchten. Die Selbstdarstellung ist auf hohem Niveau, da die NutzerInnen in eine neue Rolle schlüpfen können, in der sie anders sein können als in der Realität (Blake, 2015, S. 32).

Die im Jahr 2009 durchgeführte Studie „Jugendliche und Social Web" widmete sich dem Stellenwert sozialer Netzwerke für Jugendliche. Zusätzlich beschäftigte sie sich damit, wie diese in den Alltag integriert sind und welche Risiken sie ergeben. Als zentrales Ergebnis lässt sich festhalten, dass soziale Netzwerke, neben der Kommunikation, vor allem für die Selbstdarstellung verwendet werden. Jugendliche und junge Erwachsene stellen auf Netzwerkplattformen ebenso persönliche Informationen und Fotos bereit. Die Studie zeigt jedoch auch die negativen Aspekte des Social Webs. Durch die vermehrte Darstellung von selbstschädigendem Verhalten, zum Beispiel Essstörungen, kann eine Art Wettbewerbssituation entstehen (Lampert, Schmidt, & Schulz, 2009, S. 1 f.).

Soziale Netzwerke geben ebenso Identitätsentwürfe vor, die eine bestimmte Vorstellung eines (Wunsch-)Seins entwickeln könnte. Demzufolge könnte man meinen, dass junge Menschen in die mediale Welt flüchten und in der dargestellten heilen Welt Zuflucht suchen. Als Resultat dessen, werden die Darstellungen, die durch die sozialen Medien geboten werden, als real angesehen. In weiterer Folge werden diese suggerierten Ideale als Ziele gesetzt und verfolgt (Reich, Götz-Kühne, & Killius, 2004, S. 34).

4.1 Definition des Begriffs soziale Medien

Als „soziale Netzwerke" oder „Social Networks" werden diejenigen Social-Web-Anwendungen bezeichnet, die dem Aufbau und der Pflege von Beziehungsnetzwerken dienen (Ebersbach, Glaser, & Heigl, 2011, S. 37). Charakteristisch für soziale Netzwerke sind unter anderem eine erforderliche Registrierung, Profilseiten mit Interessen und Tätigkeiten, das Vorliegen der Daten in strukturierter Form sowie die Darstellung von Beziehungen zu anderen Menschen (Ebersbach, Glaser, & Heigl, 2011, S. 96).

Soziale Netzwerke wie Facebook und Instagram zählen allgemein zu den sozialen Medien, die für den Austausch von Informationen, Erfahrungen und Meinungen mithilfe von Community-Websites stehen. Soziale Medien wiederum sind Teil des Social Web, welches ein Teil des Webs 2.0 ist. Obwohl die Begriffe Web 2.0 und Social Web häufig synonym verwendet werden, ist das Web 2.0 viel umfassender, da je nach Blickwinkel technische, ökonomische und rechtliche Aspekte mit einbezogen werden (Ebersbach, Glaser, & Heigl, 2011, S. 27).

Als „soziale Medien" oder „Social Media" werden internetbasierte Plattformen bezeichnet, die der Zusammenarbeit und dem Austausch dienen (Schmidt, 2013, S. 8 f.). Damit hat sich im Grunde ein Begriff eingebürgert, der eine Großzahl digitaler Medien, Anwendungen und Technologien des Web 2.0 beschreibt. Diese haben gemeinsam, dass die NutzerInnen über eine bestimmte Plattform im Internet sowohl über Nachrichten, Kommentare und Bilder kommunikativ interagieren als auch aktiv an der Gestaltung medialer Inhalte teilnehmen können. Das bedeutet, dass sie gleichzeitig Konsument und Produzent sein können. Soziale Medien haben einen dynamischen und demokratischen Charakter, weshalb sie einen Bereich des Internets darstellen, der nicht klar abgesteckt werden kann. Soziale Medien grenzen sich hingegen klar von den traditionellen Massenmedien (Printmedien, Film, Radio und Fernsehen) ab, da aus medialen Monologen sozial-mediale Dialoge entstehen (Lampert, Schmidt, & Schulz, 2009, S. 9 ff.). Die Interaktion und Vernetzung sind das Hauptziel sozialer Medien (Sutter, 2010, S. 124).

Für diese Interaktion sind mittlerweile sogenannte Influencer zuständig. Als Influencer werden Personen bezeichnet, die aus eigenem Antrieb Inhalte (Text, Bild,

Audio, Video) zu einem Themengebiet in hoher und regelmäßiger Frequenz veröffentlichen und damit eine soziale Interaktion initiieren. Dies erfolgt über internetbasierte Kommunikationskanäle wie Blogs und soziale Netzwerke wie Facebook, Instagram, YouTube oder Twitter. Influencer erlangen aufgrund der starken Präsenz in den Sozialen Medien ein hohes Ansehen. Sie werden auch als Meinungsführer bezeichnet, da sie durch ihre große Reichweite ihre Fans für Produkte begeistern können. Ihre Starke Vernetzung in den Sozialen Medien bietet Marken und Unternehmen die Chance, ihrem Produkt einen hohen Bekanntheitsgrad zu verschaffen. Wenn solche Personen ausschließlich durch ihre digitale Präsenz Einfluss gewonnen haben, werden sie im engeren Sinn auch als Digital oder Social Media Influencer bezeichnet (Deges, 2019).

Die Begriffserklärung von sozialen Medien kann in zwei Bereiche unterteilt werden. Einerseits gibt es einen emotionalen Bereich von sozialen Medien, der sich der Kontaktpflege und der Unterhaltung annimmt und als Selbstdarstellungs- und Identitätsfindungsraum dient. Auf der anderen Seite können soziale Netzwerke rational in Form von Wissensanschaffung und -erstellung genutzt werden, welche in den gesellschaftlichen Bereich fällt. In der Praxis sind diese beiden Bereiche häufig miteinander verknüpft und nicht getrennt zu betrachten (Ebersbach, Glaser, & Heigl, 2011, S. 38).

4.1.1 Das Netzwerk Facebook

2004 wurde das soziale Netzwerk Facebook von Mark Zuckerberg an der Harvard University gegründet. Heute verzeichnet es 2,32 Milliarden aktive Nutzer, davon sind 1,52 Milliarden täglich aktiv. Somit ist Facebook das weltweit führende soziale Netzwerk (Roth, AllFacebook.de, 2019). Facebook ermöglicht es unter anderem, sich mit FreundInnen und Bekannten zu vernetzen, Leute mit gleichen Interessen kennenzulernen, private Angelegenheiten zu teilen oder an Gruppendiskussionen teilzunehmen. So können NutzerInnen selbst Inhalte von FreundInnen und Seiten teilen, kommentieren und mit "Gefällt mir" versehen. Dadurch wird die Nachricht verbreitet, die Zustimmung zum Thema ausgedrückt oder eine Meldung abonniert. Auf diese Weise erhalten Facebook-NutzerInnen eine Benachrichtigung, wenn etwas Neues auf der Seite oder in dem Beitrag passiert. Zusätzlich dazu können auch sogenannten Facebook-Seiten und Personen abonniert werden. Dazu zählen etwa Nachrichten-Seiten oder die Facebook-Seite eines Prominenten oder eines Vereins. Wird diese Seite mit "Gefällt mir" markiert, können die NutzerInnen den Inhalten folgen. Diese tauchen anschließend automatisch in Ihrer Meldungsübersicht auf

(Faerman, 2010, S. 28). Betrachtet man die Zahlen von Ende 2017 gibt es in Österreich knapp 3,9 Millionen aktive Facebook-NutzerInnen, das sind ca. 44% der österreichischen Bevölkerung. Über eine Million sind davon zwischen 13 und 25 Jahren alt (Statista, 2018).

4.1.2 Das Netzwerk Instagram

Instagram ist eine speziell für Smartphones entwickelte mobile Foto- und Video-Sharing-Applikation. Diese App ermöglicht es den NutzerInnen, Fotos und maximal 15-sekündige Videos zu erstellen, bearbeiten und anschließend auf ihrem eigenen Instagram-Profil sowie auf weiteren Social-Media-Kanälen zu veröffentlichen. Das Unternehmen wurde im Jahr 2010 von Kevin Systrom und Mike Krieger gegründet und gilt als eines der erfolgreichsten Netzwerke (Kobilke, 2015, S. 15). Alleine in den ersten zwei Jahren erlangte es eine Nutzerzahl von über 100 Millionen (Miles, 2013, S. 3). 2012 wurde das Unternehmen von Facebook übernommen. Inzwischen liegt die aktive Nutzerzahl schon bei weit über einer Milliarde, davon sind rund zwei Millionen aus Österreich (Statista, 2018). Statistiken zeigten, dass die aktivsten Instagram-NutzerInnen im Alter zwischen 16 und 24 sind (Appleton, 2017) und durchschnittlich mehr als 32 Minuten pro Tag auf Instagram verbringen (Roth, 2018). Im Gegensatz zu anderen sozialen Netzwerken ist es auf Instagram nur möglich Fotos und Videos zu posten und eine Bildunterschrift von max. 150 Zeichen zu setzen. So werden täglich ca. 5 Millionen Fotos auf Instagram geteilt. Zusätzlich ist es möglich Fotos vom eigenen Smartphone hochzuladen und diese mit verschiedenen Filtern zu bearbeiten (Miles, 2013, S. 3 ff.). Zusätzlich zeichnet sich Instagram dadurch aus, dass immer mehr Stars und Prominente das Netzwerk nutzen um sich zu präsentieren. Diesen Seiten bzw. Profilen kann man folgen und wird somit zu einem „Follower". So wird man im Instagram-Feed über neue Posts (Bilder) auf dem Laufenden gehalten. Ein „Feed" informiert NutzerInnen über Veränderungen auf einem Profil, welches man abonniert hat (Kobilke, 2015, S. 29 ff.). Ein weiteres Merkmal von Instagram ist das Setzen von Hashtags '#'. Diese werden unter jedem Bild bzw. vor jedem Wort gesetzt. Dadurch entsteht eine Kategorisierung, die die Verbreitung des Bildes ermöglicht. NutzerInnen können auf diese Hashtags klicken und gelangen so zu allen Bildern, die diesen benutzen. Zusätzlich ist es möglich andere Personen, aber auch Marken oder Firmen, auf Bildern zu markieren oder bei der Bildbeschreibung zu erwähnen. Dies erfolgt bei der Bearbeitung des Bildes oder durch das setzten einen '@' vor dem Namen in der Bildbeschreibung. Auch diese Funktion hilft vor allem bei der Vernetzung (Miles, 2013, S. 3 ff.).

4.1.3 Risiken durch die Nutzung von sozialen Medien

NutzerInnen entdecken Inhalte in ihren Social Media Feeds. Sehr lange funktionierte der News-Feed auf Facebook und Instagram nach Datum bzw. Aktualität. Das bedeutet, dass alle neuen Posts chronologisch nach ihrem Erscheinungsdatum angezeigt wurden. 2016 wurde diese Funktionsweise geändert. Die Sortierung der Posts wird im News-Feed nicht mehr chronologisch angezeigt, sondern definiert sich nach der Relevanz des Posts für die jeweiligen BenutzerInnen. Die beiden Plattformen gehen damit einen Schritt in Richtung Personalisierung. Es wird nicht nach Inhalten gesucht. Die Inhalte finden die NutzerInnen. Entweder durch Algorithmen oder durch Empfehlungen von Freunden und anderen Kontakten (Firsching, 2014).

Nur durch einfaches scrollen in ihrem Facebook oder Instagram Feed sehen NutzerInnen bewusst oder unbewusst viele Bilder in kürzester Zeit. Frauen werden nicht nur mit Bildern von attraktiven Models und deren schlanken Körper konfrontiert, sondern auch mit schönen Frauen von nebenan. Darüber hinaus sehen sie nicht nur die perfekt inszenierten Bilder der vermeintlich perfekten Körper, sondern auch ihre Beliebtheit durch eine große Anzahl von Followern, Likes und Kommentaren. Für häufige NutzerInnen können diese abgebildeten Personen zur Vergleichsgruppe werden (Kong, 2015).

Soziale Medien eröffnen nicht nur neue Chancen und positive Veränderungen, sondern entwickeln auch bestimmte Klassifikationen von Unternehmen. Diese verbreiten nicht nur positives in die mediale und reale Welt. Eine Gruppe von Unternehmen, deren Schwerpunkt auf den Aufbau von neunen Beziehungen liegt, wird als Community bezeichnet. In solch einer Gemeinschaft können Wünsche, Meinungen und Beiträge diskutiert, geteilt oder kommentiert werden. Die einzelnen Communities setzen sich vorwiegend mit einem eigenen Thema auseinander und ermöglicht so einen Austausch verschiedener NutzerInnen (Walsh, Hass, & Kilian, 2011, S. 22). Abgesehen von Online-Communities entstehen noch weitere Risiken. Diese können in „heikle Selbstoffenbarung", „Überforderung, begrenzt kommunikative Bandbreite" und „krankheitsfördernde oder -erhaltende Wirkung" gegliedert werden. „Heikle Selbstoffenbarung" meint, dass durch die scheinbar gefühlte Anonymität die Hemmschwelle sinkt und man im Netz offener gegenüber Äußerungen und Selbstdarstellungen ist. Die „Überforderung" verweist auf die Probleme und Schwierigkeiten von NutzerInnen, die durch fehlender Supervision überfordert und belastend wirken kann. Die „begrenzte kommunikative Bandbreite" steht hier auch in Verbindung mit Selbsthilfegruppen, denn persönliche negative

Gefühle werden im Netz nicht bemerkt. Als weiteren Aspekt wird die „krankheitsfördernde oder- erhaltende Wirkung" beschrieben, die zum Beispiel bei Menschen mit Sozialphobie krankheitsfördernd wirken kann. Ebenso durch Pro-Ana und Pro-Mia Communities (siehe Kapitel 4.3.2.2), die eine Verstärkung aber auch Aufrechterhaltung einer Essstörung hervorrufen können zählen zu den Risiken der sozialen Medien (Eichenberg, 2014, S. 247 f.).

4.2 Mediale Vermittlung von Körperidealen

Im Allgemeinen hat das Aussehen bei jungen Frauen eine größere Bedeutung als bei Männern. Da das gesellschaftliche Bild von Weiblichkeit stark mit Schönheit verknüpft ist, übt der Schlankheitswahn somit einen größeren Druck auf das weibliche Geschlecht aus (Rauchensteiner, 2013, S. 26). Unzufriedenheit mit dem Körper, jahrelange Kämpfe mit dem Körpergewicht, wiederholte Diäten und problematisches Essverhalten gehören für viele Mädchen und Frauen zum Alltag. Sie streben nach einer Figur, die von der Mehrheit der Frauen schon allein aus biologischen und genetischen Gründen nicht zu erreichen ist. Das Schlankheits- und Schönheitsideal wird durch die Flut medialer Bilder von „perfekten" Körpern bekräftigt. Der perfekte Körper wird dabei als Produkt des eigenen Willens dargestellt. Schön, schlank, muskulös, gesund und sexuell attraktiv zu sein, ist demzufolge auch ein Symbol für mentale Stärke und Leistungsfähigkeit. Allerdings entsprechen diese perfekten Bilder meist nicht der Realität. Bei den vermeintlich makellosen Körperbildern wird viel nachgeholfen. Mittels Bildbearbeitungsprogrammen, vorteilhaften Körperposen und schmeichelnden Lichtverhältnissen werden die Körper und das Aussehen allgemein besser dargestellt als es in der Realität ist (Rabeder-Fink, Palka, Brandstetter, Schrattenecker, & Steininger, 2016, S. 24). Demnach ist es nicht verwunderlich, wenn sich bei Frauen ein ungeheurer Druck, auf das perfekte Erscheinungsbild hinzuarbeiten, entwickelt (Rauchensteiner, 2013, S. 26 f.).

Wenn man diesen Anforderungen an das weibliche Körperideal nicht gerecht wird, entstehen oft Schamgefühle. Dass sich größtenteils Frauen belastet fühlen, liegt an der ständigen Anpassung an die sich stetig ändernden Gesellschaftsnormen (Waldrich, 2004, S. 123 f.).

Wird der Körper erst einmal der beherrschenden Geschmacksnorm unterworfen, wird er zum Mittelpunkt des Denkens. Die heutigen Körperideale werden Frauen von den Medien vermittelt und gaukeln ihnen ein Wunschbild vor, dass sich in den präsentierten schlanken Models widerspielgelt. Trotz dieser Illusionen wird das Streben nach dem Schlankheitsideal in Industrieländern weiter an Bedeutung gewinnen (Rauchensteiner, 2013, S. 26 f.). Die Aussicht auf Attraktivität und eine bewusste Körpergestaltung werden als Mittel der Identitätsbestätigung und Selbstdarstellung immer im Mittelpunkt bleiben (Koppetsch, 2000, S. 101 f.). Ein solch geprägter Schlankheitswahn trägt definitiv zur Entfremdung des Körpers vom subjektiven Empfinden bei (Rauchensteiner, 2013, S. 26 f.)

Schönheitsideale, die durch soziale Medien verbreitet werden, führen wie schon erwähnt oft zur Verzweiflung und fordern einen anspruchsvollen und schmerzhaften Lebenswandel. Steigende Zahlen von Essstörungsfällen sind, neben den extrem hohen Zahlen an durchgeführten Schönheitsoperationen, auch ein Indiz dafür. Schlanke Menschen werden in den Medien im Vergleich zur Allgemeinbevölkerung unverhältnismäßig stark repräsentiert und werden als attraktiv dargestellt. Übergewichtige Personen werden hingegen als abstoßend bewertet und erhalten vermehrt Beleidigungen, vor allem von männlichen Darstellern. Extreme Schlankheit wird also immer mehr zur Normalität, dies zeigt sich auch auf den sozialen Plattformen an bestimmten Körpertrends (siehe Kapitel 4.3.2). Vor allem junge Mädchen machen diese Trends nach und vergleichen sich diesbezüglich (Wunderer, 2015, S. 96). Das ständige Medienangebot verändert neben der Wirklichkeitsauffassung der Gesellschaft und auch die Selbstwahrnehmung vieler Personen. Schönheitsideale werden häufig von Prominenten und Influencern vorgelebt und lassen so eine neue Gesellschaftsschicht entstehen. Dieser Gesellschaftsschicht wird von BeobachterInnen nachgeifert. Schönheit wird dadurch standardisiert und verliert an Individualität. (Manovich, 2006, S. 130 f.).

Die Orientierung am Schlankheitsideal spielt bei einzelnen Essstörungen eine unterschiedlich große Rolle. So ist die Anorexie nicht ursächlich an den Schlankheitswunsch gebunden, wird aber durch diesen unterstützt bzw. legitimiert und kann durch figurbewusste Diätversuche angestoßen werden. Für die Entstehung von Bulimie zeigt sich ein klarer ursächlicher Zusammenhang mit dem herrschenden Schlankheitsideal (Rabeder-Fink, Palka, Brandstetter, Schrattenecker, & Steininger, 2016, S. 24).

4.3 Einfluss von Facebook und Instagram auf Essstörungen

Soziale Medien bieten immer Möglichkeiten für Betroffene neue Informationen zu bekommen. Personen mit Anorexie und Bulimie verfolgen das gleiche Ziel, Gewicht zu verlieren und zu halten. Um dieses Ziel zu erreichen werden verschiedenste Methoden verwendet. Diese Methoden werden immer häufiger im Internet geteilt und verbreitet. Dies ermöglicht einen leichteren Zugang zu Informationen, die nicht immer zur Intervention führen, sondern die Krankheit fördern (Herpertz, De Zwaan, & Zipfel, 2015, S. 17). Neben professionellen Hilfsangeboten gibt es auch immer mehr Selbsthilfegruppen, die von Betroffenen für Betroffene gemacht werden. Diese Angebote bringen allerdings nicht immer positiven Erfolg, im Gegenteil, oft wird die Krankheit dadurch aufrechterhalten oder verschlimmert (Eichenberg, 2014, S. 250).

Es existieren viele Studien über negative Folgen einer häufigen Social-Media-Nutzung von jungen Personen. Einige von ihnen, wie zum Beispiel die von Cohen, Newton-John und Slater, erheben eine potenzielle Gefahr in Bezug auf Körperunzufriedenheit und gestörtes Essverhalten bei hoher Nutzung von Facebook und Instagram (Cohen, Newton-John, & Slater, 2017, S. 183).

4.3.1 Facebook

Im Rahmen ihrer Studie hatten die israelischen Wissenschaftler 248 Mädchen im Alter zwischen zwölf und 19 Jahren nach ihrem Konsum von Internetinhalten und Fernsehsendungen sowie Ernährungsgewohnheiten, ihrer Einstellung zum Essen und zu Diäten befragt. Außerdem sollten die Mädchen auch Angaben zum Körpergewicht, zum Selbstbild und ihrer Persönlichkeit im Allgemeinen beantworten. Insgesamt lag das Durchschnittsalter der Studienteilnehmerinnen bei knapp 15 Jahren. Die israelischen Wissenschaftler haben dabei festgestellt, dass parallel zur Beschäftigung mit Facebook, die Wahrscheinlichkeit einer Essstörung steigt. Je länger die Probandinnen sich in dem sozialen Netzwerk tummeln, desto häufiger leiden sie an Bulimie, Anorexie und dem Zwang zum Abnehmen. Laut den Forschern nimmt auch die Unzufriedenheit mit dem eigenen Körper sowie eine negative Einstellung zum Essen im Allgemeinen mit den vermehrten Facebook-Aktivitäten zu (University of Haifa, 2011).

Tiggemann und Slater befragten 2013 1.087 weibliche Jugendliche aus Australien im Alter zwischen 13 und 15 Jahren zu ihrem Mediengebrauch. Das Ergebnis zeigte, dass sowohl die Internalisierung des Schlankheitsideals und das Streben nach einer schlanken Figur, als auch die Überwachung der eigenen Figur signifikant mit der Internetnutzung korrelierten. Der Messwert der Internetnutzung bestand aus Fragen über die tägliche Dauer der Nutzung allgemein sowie über die tägliche Dauer der Nutzung sozialer Medien. Im Vergleich mit Gleichaltrigen, welche soziale Medien nicht nutzten, waren die Ergebnisse für die drei Variablen bei Facebook-NutzerInnen wesentlich höher (Tiggemann & Slater, 2013, S. 630 ff.).

Fardouly et al. untersuchten, mit wem Frauen ihr Äußeres am ehesten vergleichen. Hierfür befragten sie Studentinnen aus Australien. Sie kamen zu dem Ergebnis, dass reale Personen am häufigsten als Vergleichsmodell dienten. Direkt darauf folgten allerdings Menschen aus den sozialen Netzwerken. Diese wurden häufiger zum Vergleich herangezogen als Frauen aus dem Fernsehen oder aus Magazinen. Frauen verglichen sich in sozialen Netzwerken laut der Studie meistens mit Frauen, die sie subjektiv als attraktiver einstuften, was zu einer Unzufriedenheit mit dem eigenen Aussehen führte. Die Autorinnen gehen hier von verschiedenen Ursachen aus. Eine Möglichkeit wäre, dass viele Bilder in den sozialen Netzwerken so bearbeitet sind, dass die Vorzüge einer Person besser zur Geltung kommen und dass der wahrgenommene Unterschied zwischen der eigenen Person und der Vergleichsperson damit größer wird. Eine weitere Möglichkeit wäre, dass „Likes" und positive Kommentare unter den Bildern die Attraktivität der dargestellten Person noch erhöhten. „Likes" bedeuten, dass andere Facebook-NutzerInnen das jeweilige Bild markiert haben und dadurch ausdrücken, dass es ihnen gefällt. Dies führe bei Frauen zu einer schlechteren Stimmungslage als wenn sie sich gar nicht mit anderen bzw. mit Personen aus den traditionellen Medien, verglichen. Außer der schlechteren Stimmung vermehrten sich außerdem Diätgedanken, körperliche Bewegung und restriktives Essverhalten (Fardouly, Pinkus, & Vartanian, 2016, S. 32 ff.).

Unter der Anleitung von Pamela Keel haben ForscherInnen der State University Florida 960 Fälle, ob Social Media Essstörungen fördern, ausgewertet und in einer Studie veröffentlicht. Dabei kamen sie zu dem Ergebnis, dass bereits 20 Minuten auf Facebook kritisch seien. Laut US-WissenschaftlerInnen steigt die Möglichkeit an einer Essstörung zu leiden, je mehr Zeit in den sozialen Netzwerken verbracht wird (Mabe, Forney, & Keel, 2014). Nach Claire Mysko, von der National Eating Disorders Association, haben Social Media Plattformen wie Facebook und Instagram insgesamt eine negative Auswirkung. Dies liegt vor allem daran, dass sich weibliche Jugendliche auf diesen Netzwerken miteinander vergleichen und sich selbst für die perfekte Präsentation unter Druck setzen. Missgunst und Wettbewerb führen dabei laut Experten in einen Teufelskreis von schweren und lebensgefährlichen Essstörungen (Mabe, Forney, & Keel, 2014, S. 516 ff.).

4.3.2 Körpertrends und -bewegungen auf Instagram

Immer beliebter werden Körpertrends auf Instagram, ausgelöst meist durch Models und Influencer, die ihren Körper auf diesen Plattformen präsentieren. Die meist gesundheitsschädigenden Trends entwickelten sich zwischen den Jahren

2015 und 2017. Beginnend mit der „Ab-Crack", der „Bikini Bridge" und dem „Thigh Gab" folgen die „Collarbone-Challenge" und die „A4-Challenge". Trends, die alle einem extrem dünnen Schönheitsideal entsprechen und meist nur durch exzessiven Sport und extreme Diäten erreichbar sind (Drenten & Gurrieri, 2017, S. 52 ff.).

Mit dem sogenannten „Ab Crack" wird eine schmale Linie im oberen Bauchbereich bezeichnet. Erst bei sehr geringem Körperfettanteil und intensivem Bauchmuskeltraining wird sie sichtbar, allerdings ist ihre Ausprägung generell genetisch bedingt.

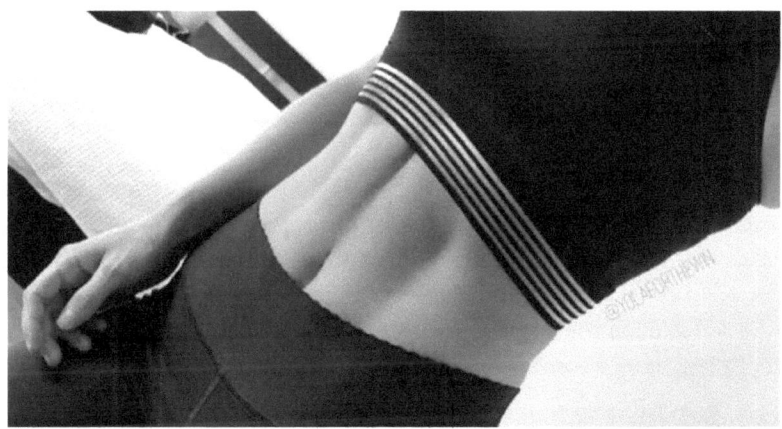

Abbildung 5 Ab Crack
(Instagram, 2017)

Die „Bikini Bridge" ist die Brücke die entsteht, wenn durch extrem vorstehende Hüftknochen und einen flachen Bauch der Stoff des Bikinis nicht am Bauch anliegt (Pauli, 2018, S. 20 f.).

Abbildung 6 Bikini Bridge
(Instagram, 2018)

Beim „Thigh Gap" (Oberschenkel-Lücke), müssen die Oberschenkel so dünn sein, dass sie sich beim Stehen mit geschlossenen Beinen nicht berühren. Bei dieser Lücke ist ein extremes Muskeltraining nicht hilfreich, hier müssen hingegen die Oberschenkel so dünn wie möglich sein, was allerdings beim Großteil der Frauen nicht der Fall ist, da an dieser Stelle vermehrt Fett eingelagert wird (Pauli, 2018, S. 20 f.).

Abbildung 7 Thigh Gap
(Pauli, 2018, S. 20)

Zusätzlich verstärkt wird der Magertrend auf dieser Plattform von sogenannten „Challenges". Diese sind regelgeleitete Herausforderungen, denen sich Jugendliche stellen indem sie die Beweisfotos stolz auf Instagram teilen. Zwei dieser Beispiele sind die „Belly Button Challange" und die „Collarbone Challange".

Die „Belly Button Challange" bedeutet übersetzt so viel wie Bauchnabel-Herausforderung. Die Challange, besagt so dünn zu sein, dass man mit einem Arm um den eigenen Körper herum an den Bauchnabel fassen kann (Pauli, 2018, S. 20).

Abbildung 8 Belly Button Challenge
(Instagram, 2017)

Eine weitere gefährliche Challange ist die „Collarbone-Challenge", nämlich das deutliche Hervorstehen des Schlüsselbeins, ein typisches körperliches Merkmal bei Personen mit starkem Untergewicht (Saferinternet, 2018).

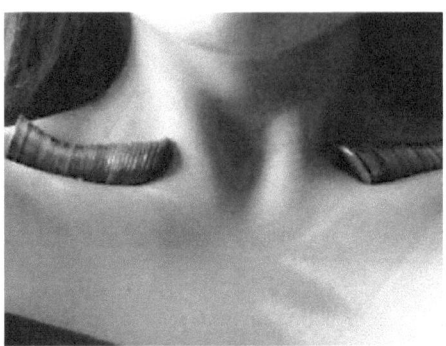

Abbildung 9 Collarbone-Challenge
(Le Messurier, 2015)

Ein weiterer Instagram-Körperkult nennt sich A4-Challenge. Bei dieser Challenge wollen junge Frauen beweisen, wie schmal ihre Taille ist. Dafür halten sie sich hochkant ein DIN A4 großes Blatt Papier vor die Taille. Verschwindet die Körpermitte vollständig hinter dem nur 21 Zentimeter breiten Blatt, ist man dünn genug und hat die Challenge gewonnen (Mayer, 2016).

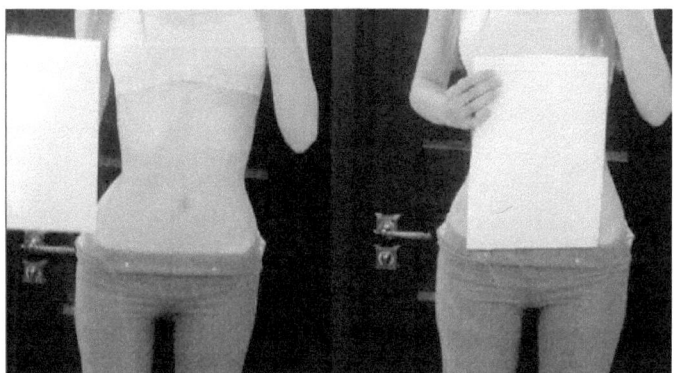

Abbildung 10 A4 Waist Challenge
(Instagram, 2016)

4.3.2.1 Thinspiration

Soziale Netzwerke bieten wie oben erwähnt immer mehr Möglichkeiten sich zu informieren. Allerdings gibt es auch spezielle Accounts und Communities auf Instagram, die Essstörungen verherrlichen oder bereits Erkrankte negativ beeinflussen. „Thinspiration"- Seiten oder „Pro- Ana" und „Pro-Mia"- Seiten sind drei dieser sogenannten Sites oder Communities.

Unter „Thinspiration" versteht man einen gesellschaftlichen Trend, der seit mehreren Jahren ein extrem dünnes Körperideal propagiert. Dieser lässt sich zwar in mehreren sozialen Netzwerken nachweisen, ist jedoch am häufigsten auf Instagram vorzufinden. Der Begriff „Thinspiration" ist eine Kombination aus den Wörtern „Thinness" und „Inspiration", der bis heute Magersucht öffentlich anpreist und Dünn sein für erstrebenswert hält (Ghaznavi & Laramie, 2015, S. 55). Die Inhalte der Thinspiration-Seiten bestehen vor allem aus Fotos. Sie können aber auch mit Hilfe von Filmen, Gedichten, Liedern oder Selbstinszenierung dargestellt werden (Wunderer, 2015, S. 99). Thinspiration kann in Form von Fotos Unter dem Hashtag #thinspiration oder kurz #thinspo konnte man auf Instagram unzählige Bilder auffinden, die auffallend dünne bis zerbrechliche Körper darstellten, begleitet mit Sprüchen, die zum Hungern motivieren (Ghaznavi & Laramie, 2015, S. 55).

Solche Sprüche klingen wie folgt: „Skip dinner. Wake up thinner", „Eine perfekte Seele, braucht den perfekten Körper" und „Nothing tastes as good as skinny feels". Sätze wie diese sollen die LeserInnen zum Abnehmen motivieren. Seiten wie diese haben zwischen 23 und 22.700 „Follower" (Instagram, 2018). Unter „Follower" versteht man Menschen, die diese Seite markiert haben, da sie über Neuigkeiten wie hochgeladene Fotos und Videos auf ihrem persönlichen Profil informiert werden möchten, sobald sie sich in Instagram einloggen. Thinspiration-Posts tragen somit zur Relativierung, gar Glorifizierung, von Dürr sein und der Verleugnung der Krankheit Magersucht bei (Ghaznavi & Laramie, 2015, S. 55).

Wenn man betrachtet, welche Bilder auf Instagram besonders beliebt sind, stößt man schnell auf Ernährungs- und Sportinhalte. In den sozialen Medien ist eine Fülle von gesundheits- und fitnessbezogenen Inhalten für Jugendliche verfügbar, die sich großer Beliebtheit erfreuen und vielfältig und interaktiv genutzt werden. Vor allem auf Instagram sind viele junge Frauen aktiv, die Fotos von sich mit dem Hashtag #thinspiration posten.

4.3.2.2 Pro-Ana und Pro-Mia

Durch die Entstehung der sozialen Netzwerke schafften sogenannte Pro-Ana und Pro-Mia Seiten den Sprung in die Öffentlichkeit. Und durch die Bewegung „Thinspiration" erlangten diese Seiten große Aufmerksamkeit (Ghaznavi & Laramie, 2015, S. 55).

Bei Pro-Ana und Pro-Mia handelt es sich um eine Bewegung von Magersüchtigen oder Bulimiker im Netz. Die Assoziationen mit den Mädchennamen Ana und Mia wurden bewusst ausgewählt und stehen für die idealisierte Personifikation der Essstörungen. Die Vorsilbe „Pro" soll die positive Einstellung gegenüber der Anorexie und Bulimie zum Ausdruck bringen. Diese Accounts werden hauptsächlich von Mädchen und jungen Frauen genutzt. Die Betroffenen eifern einem krankhaften Schlankheitsbild nach, indem sie bis zum Untergewicht hungern oder Phasen des Heißhungers sowie des anschließenden Erbrechens durchleben. Sie erkennen ihre Essstörung zwar als Krankheit aber kämpfen nicht gegen sie an. Hingegen wird die Krankheit verherrlicht und als gewählten Lebensstil aufrechterhalten (Eichenberg, Flümann, & Hensges, 2011, S. 492). Durch Gefällt-mir-Angaben und eine wachsende Zahl an Followern werden Nutzerinnen in ihrer Erkrankung noch bestärkt. Die NutzerInnen veröffentlichen Fotos und Videos und motivieren sich gegenseitig beim Fasten, Erbrechen und Verheimlichen der Krankheit und wie sie noch weiter abnehmen können, um ihrem idealen Körperbild zu entsprechen. Es werden nicht nur Fotos von stark ausgehungerten Schauspielerinnen abgebildet, sondern zum Teil laden die Betroffenen auch Fotos von sich selbst hoch. Die an Anorexie Erkrankten veröffentlichen auch ihre täglichen Erfolge und geben bekannt wie viel sie abgenommen haben und wie wenig sie an Nahrung aufnehmen. Dabei wird Gewichtszunahme als Versagen wahrgenommen. Trotz der drohenden Lebensgefahr stacheln sich die jungen Menschen gegenseitig dazu an, so wenig wie möglich zu essen (Naue, 2016).

Ähnlich einer Religion wird auch die Magersucht auf Pro-Ana-Seiten praktiziert. Auf diesen Seiten werden beispielsweise 10 Gebote der Magersucht (siehe Abbildung 9) aufgestellt und Glaubensbekenntnisse, Psalmen, Gesetze und Tipps zum Abnehmen gefunden (Spiegel Online, 2007).

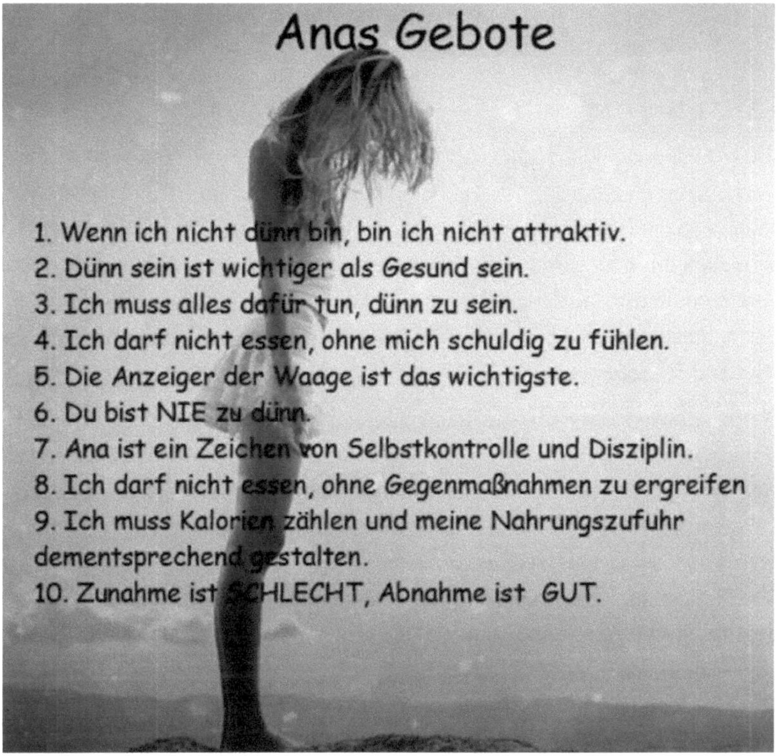

Anas Gebote

1. Wenn ich nicht dünn bin, bin ich nicht attraktiv.
2. Dünn sein ist wichtiger als Gesund sein.
3. Ich muss alles dafür tun, dünn zu sein.
4. Ich darf nicht essen, ohne mich schuldig zu fühlen.
5. Die Anzeiger der Waage ist das wichtigste.
6. Du bist NIE zu dünn.
7. Ana ist ein Zeichen von Selbstkontrolle und Disziplin.
8. Ich darf nicht essen, ohne Gegenmaßnahmen zu ergreifen
9. Ich muss Kalorien zählen und meine Nahrungszufuhr dementsprechend gestalten.
10. Zunahme ist SCHLECHT, Abnahme ist GUT.

Abbildung 11 Anas 10 Gebote
(Blog kummermädchen, 2016)

Instagram hat vor einigen Jahren seine Richtlinien angepasst, um die Glorifizierung der Erkrankung zu verhindern. Bilder mit anorektischen, bulimischen, suizidalen und selbstverletzenden Inhalten werden mit sofortiger Wirkung gelöscht. Unter Betroffenen beliebte Hashtags wie #probulimia oder #proanorexia können über die Suchfunktion nicht länger gefunden werden. Laut Unternehmen werden Hashtags, die Essstörungen glorifizieren, ohne Warnung gelöscht (Huffington Post, 2012).

Bei anderen Hashtags, die eine Essstörung nicht zwingend propagieren, wird ein Warnhinweis eingeblendet, bevor die Ergebnisse angezeigt werden. Doch viele Betroffene lassen sich weder von Warnungen noch Sperren abschrecken. Häufig verbreitet sind Abwandlungen der gelöschten Hashtags, unter denen sich wieder Fotos von abgemagerten Körpern befinden. Aus #proana wird #proanna, #bulimia wird etwa #bulima und aus #thin wird #thynn oder #thinspíration (Saferinternet, 2018).

4.3.2.3 Fitspiration

Unter Fitspiration versteht man einen gesellschaftlichen Trend in sozialen Netzwerken, der einen gesunden Lebensstil in Form von Fitness und gesunder Ernährung propagiert. Dieser lässt sich in mehreren sozialen Netzwerken nachweisen, ist jedoch am häufigsten auf Instagram vorzufinden. Der Begriff „Fitspiration" ist eine Kombination aus den Wörtern „Fitness" und „Inspiration". Dieser möchte den BetrachterInnen in Form von Bildern eine gesunde Lebensweise nahebringen (Holland & Tiggemann, 2017, S. 76).

Fitspiration ist die offizielle Gegenbewegung zu Thinspiration. Das Ziel dieses Trends ist es, durch Bewegung und gesunde Ernährung das Selbstwertgefühl zu steigern und psychische und physische Gesundheit zu erlangen (Tiggemann & Zaccardo, 2015, S. 62). Als Inspiration dazu dienen Bilder mit dem Hashtag Fitspiration auf Instagram, welche von Fitness-Accounts regelmäßig gepostet werden. Diese zeigen meist schlanke athletische Frauen während oder nach dem Sport. Zudem bewerben solche Accounts oft Sport- und Ernährungspläne und Diätprodukte, wie zum Beispiel Diät-Shakes und Detox-Tees (Prichard, McLachlan, Lavis, & Tiggemann, 2018, S. 790). 17.086.947 Fotos wurden mit dem Hashtag #fitspiration und 62.916.078 mit der Abkürzung #fitspo markiert (Instagram, 2019).

Der angestrebte Frauenkörper, der in diesen Inhalten vermittelt wird, stellt für viele WissenschaftlerInnen einen großen Kritikpunkt dar. Unterschiedliche Studien über Fitspiration-Inhalte sind sich einig, dass eine bestimmte Körperform dargestellt wird, die als sehr schlank und athletisch bezeichnet werden kann (Tiggemann & Zaccardo, 2016, S. 1003). Trotz des Fokus auf Fitness, wird auf den dargestellten Bildern eine Gewichtsabnahme bzw. ein dünnes Körperideal beworben. Laut Josie Anne Reade entwickelt sich jedoch eine Tendenz der Selbstoptimierung, welche den Körper als ewige Baustelle sieht. Der Mensch wird zum Konstrukt, von dem erwartet wird, dass er sich selbst formt. Straffheit und Muskeln sind der sichtbare Ausdruck von Disziplin und Anstrengung. Diese sind nur durch hartes Training und gezielte gesunde Ernährung möglich.

Schlankheit reicht heutzutage offensichtlich nicht mehr aus, um dem weiblichen Schönheitsideal zu entsprechen. Dünne und zugleich unsportliche Menschen werden sogar mit dem Begriff „skinny fat" abgewertet. Der Fitspiration-Trend stellt mit der Verbreitung der sportlichen und schlanken Figur exemplarisch einen Teil dieser Entwicklung dar (Reade, 2016, S. 1).

Das fitte Schlankheitsideal ist jedoch für viele Frauen bezüglich ihrer körperlichen Veranlagung so gut wie unerreichbar (Tiggemann & Zaccardo, 2016, S. 1009).

Negative Auswirkungen auf die eigene Körperzufriedenheit, also eine dauerhafte Unzufriedenheit mit sich selbst, sind demnach zwangsläufig. 2015 untersuchte eine Studie von Tiggemann und Zaccardo den Effekt von Fitspiration-Bildern auf das Körperbild von Frauen und kam zu dem eindeutigen Ergebnis, dass diese Inhalte tatsächlich zu einem geringeren Selbstwertgefühl und zur Unzufriedenheit mit dem eigenen Körper beitragen (Tiggemann & Zaccardo, 2015, S. 65). Außerdem suggeriert die einseitige Präsentation einer einzigen Körperform in Fitspiration-Inhalten indirekt, dass ausschließlich nur die dort vorgeführte Figur fit und gesund sein kann (Tiggemann & Zaccardo, 2015, S. 62). Das vermittelte Idealbild führt dazu, dass es zu einer Art Verschmelzung der Vorstellungen von Fitness und Schlankheit kommt. Ein sportlicher Körper wird mit Schlankheit assoziiert und umgekehrt unterstellt man einem schlanken Körper eine gewisse Fitness. Die Ansicht, dass Fitness sichtbar sein muss, schließt also aus, dass auch andere Körperformen sportlich sein können. Des Weiteren klassiert die konstruktivistische Annahme, der eigene Körper sei durch ausreichende Disziplin und Willensstärke formbar, dass Nicht-Erreichen der Wunschfigur als persönliches Scheitern ab. Dies kann dazu führen, dass gesundheitsschädigende Essens- und Trainingsgewohnheiten entstehen, um die Wunschfigur krampfhaft zu erreichen (Tiggemann & Zaccardo, 2016, S. 1009). Laut einer Studie von Holland und Tiggemann stellen knapp ein Fünftel der für ihre Forschung untersuchten Frauen, die Fitspiration-Fotos posten, eine Risikogruppe für gestörtes Essverhalten und zwanghaftes Trainieren dar (Holland & Tiggemann, 2017, S. 77).

Zusammenfassend kann festgestellt werden, dass der Fitspiration-Trend, welcher eigentlich einen gesunden Lebensstil vermitteln soll, genau das Gegenteil bewirkt. Die Fitness-Bewegung soll sich von den Thinspiration Inhalten abheben, indem sie ihren Fokus nicht auf die Optik, sondern die Gesundheit legt, und zu einem gesunden Körpergefühl verhelfen soll. Der Wahrheitsgehalt dieses Vorhabens kann jedoch angezweifelt werden, da vorwiegend eine sportliche und schlanke Figur publiziert wird. Dieser Körpertyp stellt eine auf gesunde Art und Weise unerreichbare Körpernorm dar, die fatale Auswirkungen auf das Körperbild der jungen Frauen haben kann. Fitspiration verzerrt die Vorstellungen von Sportlichkeit, indem Fitness auf das Aussehen reduziert wird. Frauen werden dadurch immer mehr in eine

Position gedrängt, in der die Vorstellungen davon, wie sie aussehen könnten, ihre einzige Motivation sind (Simpson & Mazzeo, 2016, S. 566).

4.3.3 Einfluss auf das Ernährungsverhalten

Das Thema Essen hat in den sozialen Medien einen hohen Stellenwert eingenommen. An großer Bedeutung gewonnen. Eine Analyse der Instagram Foto Inhalte zeigte, dass die Kategorie „Essen" unter die acht beliebtesten Kategorien fällt. Das Hashtag #food ist einer der Top 25 der beliebtesten Hashtags auf Instagram. Bilder mit gesunden Lebensmitteln und Gerichten erhalten tendenziell mehr Aufmerksamkeit als weniger gesunde Bilder, was auf eine positive Einstellung gegenüber gesunden Lebensmitteln und gesunder Ernährung hindeutet (Turner & Lefevre, 2017, S. 278).

In den letzten Jahren wurde viel über die Rolle der sozialen Netzwerke und der „Bewegung für gesunde Ernährung" berichtet. Pioniere dieser Bewegung sind in den sozialen Medien stark präsent, insbesondere auf Instagram. Auf zahlreichen Accounts veröffentlichen Influencer ihre Vorstellung einer gesunden Ernährung, ohne dabei eine Ausbildung in Gesundheitswissenschaften oder Ernährung zu haben. Diese berichten bis zu mehrmals täglich über das, was sie essen. Meist posten sie Fotos einer jeden Mahlzeit und der Snacks dazwischen. Besonders wichtig ist hierbei die Inszenierung des Essens. Häufig machen sie mehrere Fotos, arrangieren Gerichte auf dem Teller, entfernen dann eine Komponente und arrangieren wieder neu. Nicht nur die täglichen Mahlzeiten werden veröffentlicht, auch Nährwerttabellen, Listen von Lebensmittelläden, in denen sie einkaufen, die Inhalte ihres Kühlschranks oder der Küchenschränke.

Die Vorstellungen, was eine gesunde Ernährung ausmacht, sind dabei in der Regel sehr starr. Auf den Bildern werden hauptsächlich naturbelassene Gerichte gezeigt. Sie bestehen fast ausschließlich aus Vollkornprodukten, Obst, Gemüse und Milchprodukten mit niedrigem Fettgehalt. Zucker, Salz und Fett finden keinen Platz in deren Ernährung. Dennoch werden gesunde Gerichte häufig mit Fast-Food-Namen betitelt oder als Ersatz dafür beworben. Beispielsweise Karottensticks als Ersatz für Pommes oder pürierte, gefrorene Bananen und Eiswürfel, die wie Eiscreme schmecken sollen.

Nach einer aktuellen Studie nutzen 93 Prozent der Menschen das Internet, um Gesundheitsinformationen zu suchen, insbesondere zu Ernährungsthemen. In den sozialen Medien scheint es oft bereits zu genügen, Dinge als bewiesen gelten zu lassen, wenn man sie mit eigenen Erfahrungen belegen kann. Im Ernährungsbereich bedeutet das, dass zahlreiche Ernährungstrends existieren. Ob Low Carb, Clean Eating, Paleo, Ketogen oder Detox, jede Methode nimmt für sich in Anspruch, das Allheilmittel für jegliche ernährungsbedingte Erkrankung zu sein. Welchen potenziellen Schaden dies bei den ratsuchenden NutzerInnen hinterlässt, ist vielen Influencern nicht bewusst. Dass die oft rigiden Ernährungsformen der beste Einstieg in eine Essstörung sein können, zeigen vorliegende Studien (Endres, 2018, S. 70 f.).

Diese Informationen erreichen und beeinflussen Hunderttausende von jungen Menschen. Da es sich bei Instagram um eine bildbasierte Plattform handelt, empfinden NutzerInnen eine persönlichere Verbindung als auf einer textbasierten Plattform. Die vielen Likes und unterstützenden Kommentare, die man oft unter solchen Bildern findet, leiten viele Frauen immer weiter in den Zwang. Somit folgen sie eher den Ernährungsratschlägen bekannter Influencer und ahmen deren Ernährung nach. Obwohl diese Tipps oft nicht auf wissenschaftlichen Erkenntnissen beruhen, werden NutzerInnen ermutigt, verschiedene Lebensmittelgruppen aus ihrer Ernährung zu streichen. Dies führt oftmals zu einer unausgewogenen Ernährung und Nährstoffdefiziten. Darüber hinaus können diese Ratschläge zu einem gestörten Verhältnis zu Lebensmitteln führen und fördern in vielen Fällen die Entstehung Essstörungen wie Anorexie oder Orthorexie (siehe Kapitel 3.3.4).

Die negativen Auswirkungen von Facebook und Instagram auf das psychologische Wohlbefinden, den negativen sozialen Vergleich sowie die Beliebtheit der gesundheitsbezogenen Inhalte lassen vermuten, dass zwischen Orthorexie und der Nutzung sozialer Medien ein Zusammenhang besteht. Instagram kann eine Rolle bei der Entwicklung und Aufrechterhaltung eines gestörten Ernährungsverhalten spielen (Turner & Lefevre, 2017, S. 278). Die Studie von Turner und Lefevre zeigte, dass es einen signifikanten Zusammenhang zwischen orthorektischen Ernährungsverhalten und der Nutzung von Instagram gibt. Wobei eine häufigere Instagram-Nutzung mit einer stärkeren Tendenz zu Orthorexia nervosa verbunden ist (Turner & Lefevre, 2017, S. 281).

MedizinerInnen warnen vor solchen negativen Körper- und Ernährungstrends und sehen eine große Gefahr für viele Mädchen und Frauen. Durch die sozialen Medien können diese auf der ganzen Welt innerhalb kürzester Zeit verbreitet werden. Zusätzlich kommt hinzu, dass früher an Essstörung erkrankte Mädchen ihren Körper versteckt haben. Das hat sich heutzutage ins Gegenteil gekehrt, da abgemagerte Körper in sozialen Netzwerken stolz präsentiert werden können (Baumann, 2015).

5 Fazit

Innerhalb dieser Bachelorarbeit wurde der Einfluss von Facebook und Instagram auf die Entstehung von Essstörungen bei jungen Frauen zwischen 14 und 24 untersucht. Da nach Hölling und Schlack (2007) sich eine Essstörung zwischen dem 15. und 24. Lebensjahr entwickelt und deutlich mehr junge Frauen als Männer an Essstörungen erkranken, ergab sich die Auswahl dieser spezifischen Altersgruppe.

Das Aussehen und der Körper werden nicht nur in der Gesellschaft immer wichtiger, sondern gewinnen vor allem in sozialen Medien an Relevanz. Neben der ständigen Verfügbarkeit von sozialen Medien, werden diese auch immer mehr mit Schönheitsidealen verbunden. Die sozialen Plattformen, Facebook und Instagram, werden täglich von weiblichen Heranwachsenden und jungen Frauen genutzt. Auf diesen Plattformen werden Nutzerinnen mit zahlreichen Bildern, Meinungen und Eindrücken anderer Frauen konfrontiert. Dabei spielt die Körperdarstellung eine zentrale Rolle, wodurch Schönheits- und Körperideale propagiert werden. Diese verbreiten und verstärken demnach ein Frauenbild, welche die Bedeutung eines attraktiven Erscheinungsbildes betont. Zu diesem gehört als Voraussetzung eine schlanke Figur, die für viele Frauen in den Mittelpunkt rückt. Frauen neigen dazu, sich mit anderen zu vergleichen und bestimmten Vorbildern nachzueifern. Bei ihnen entwickelt sich ein hoher Druck auf dieses Ideal hinzuarbeiten. Wenn sie diesen Anforderungen an das weibliche Körperideal nicht gerecht wird, entstehen oft Schamgefühle.

Durch bekannte Persönlichkeiten und Social Media Influencer werden diverse Körper- und Ernährungstrends popularisiert, welchen viele Frauen folgen. Die meisten dieser Trends können gesundheitsschädigende Folgen mit sich bringen. Es ist unvermeidbar, dass sich neue Körpertrends entwickeln oder verlagern. Bis zu einem gewissen Grad ist es auch in Ordnung nach solchen Schönheitsidealen zu streben. Wichtig ist es, sich selbst Grenzen zu definieren und für sich selbst eine gewisse Sensibilität zu entwickeln, damit man sich in seinem Körpergefühl nicht zu stark beeinflussen lässt.

Zusammengefasst kann gesagt werden, dass die medial inszenierten und idealisierten Körperbilder das Selbstwertgefühl junger Frauen senken und zu einer wesentlich geringeren Zufriedenheit mit dem eigenen Körper führen. Häufiger Konsum der sozialen Netzwerke Facebook und Instagram bewirkt bei jungen Frauen eine verzerrte Körperwahrnehmung und ein negatives Körperselbstbild. Dies verursacht oftmals essgestörtes Verhalten und kann weiters zu einer ernsthaften Essstörung führen.

Wie zu Beginn der Arbeit erwähnt, wirken mehrere Faktoren bei Entstehung einer Essstörung zusammen. So sind auch biologische, familiäre und soziokulturelle Risikofaktoren zu berücksichtigen. Jedoch deuten viele internationale empirische Studien darauf hin, dass die Nutzung von Facebook und Instagram die Entstehung einer Essstörung bei jungen Frauen beeinflusst.

Dieser Zusammenhang gilt selbstverständlich nicht für die Gesamtheit aller Nutzerinnen von Facebook und Instagram, sondern stellt lediglich eine Tendenz dar, die in dieser Arbeit erforscht werden konnte. Wissenschaftliche Literatur ist mit wenigen Ausnahmen nur im englischsprachigen Bereich auffindbar, auch Studien sind limitiert und nur als Artikel in wissenschaftlichen Zeitschriften vorhanden. Wünschenswert wäre, dass mehr Studien im europäischen oder sogar im deutschsprachigen Raum durchgeführt werden. Es besteht weiterhin der Bedarf an empirischen Studien zu diesem Thema.

Literaturverzeichnis

Abels, H. (2006). *Identität.* Wiesbaden: Verlag für Sozialwissenschaften.

Appleton, B. (2017). *Envision Creative.* Abgerufen am 21. 12 2018 von https://www.envision-creative.com/social-media-statistics-roundup/

Asendorpf, J., & Neyer, F. (2012). *Psychologie der Persönlichkeit* (5. Aufl.). Berlin, Heidelberg: Springer.

Bartholdy, S., Allen, K., Hodsoll, J., & et al. (2017). Identifying disordered eating behaviours in adolescents: how do parent and adolescent reports differ by sex and age? *European Child & Adolescent Psychiatry, 26*(6), S. 691-701.

Baumann, E., Keller, K., Maurer, M., Quandt, T., & Schweiger, W. (2011). *Bundeszentrale für politische Bildung.* Abgerufen am 07. 11 2018 von Wie Medien genutzt werden und was sie bewirken: https://www.bpb.de/izpb/7543/wie-medien-genutzt-werden-und-was-sie-bewirken?p=all

Baumann, S. (2015). *Lifeline. Das Gesundheitsportal.* Abgerufen am 11. 02 2019 von Thigh Gap und Co.: Die gefährlichsten Schönheitstrends: https://www.lifeline.de/beauty-und-wellness/beauty-und-styling/thigh-gap-oberschenkelluecke-extreme-trends-id131348.html

Benecke, C. (2014). *Klinische Psychologie und Psychotherapie. Ein integratives Lehrbuch.* Stuttgart: Kohlhammer.

Biedert, E. (2008). *Essstörungen.* München: Ernst Reinhardt Verlag.

Bielefeld, J. (1986). *Körpererfahrung: Ein Beitrag zur Bewegungserziehung* (2. Aufl.). Göttingen: Hogrefe.

Blake, C. (2015). *Wie mediale Körperdarstellungen die Körperzufriedenheit beeinflussen. Eine theoretische Rekonstruktion der Wirkungsursachen.* Wiesbaden: Springer.

Blog kummermädchen. (2016). *Anas 10 Gebote.* Abgerufen am 29. 12 2018 von http://ich124.blogspot.com/

BMI Gewichtstabelle. (2018). *Gewichtstabellen.* Abgerufen am 2018 von https://www.gewichtstabellen.com/bmi-gewichtstabelle/

Boltzmann, L. (2005). *Österreichischer Frauengesundheitsbericht 2005. Kurzfassung.* Wien: BMGFJ.

Buhlmann, U., Grocholewski, A., & Hartmann, A. S. (2018). *Körperdysmorphe Störung*. Hogrefe.

Bundesministerium für Gesundheit . (2011). *Österreichischer Frauengesundheitsbericht 2010/2011*. Wien: Bundesministerium für Gesundheit.

Bundeszentrale für gesundheitliche Aufklärung. (2010). *Essstörungen - Was ist das?* Köln.

Cohen, R., Newton-John, T., & Slater, A. (2017). The relationship between Facebook and Instagram appearance-focused activities and body image concerns in young women. *Body Image, 23*, S. 183-187.

Crowther, J., & Ridolfi, D. (2012). Bulimia Nervosa and Binge Eating Disorder. In T. Cash, *Encyclopedia of Body Image and Human Appearance* (S. 293-299). Academic Press.

Cuntz, U., & Hillert, A. (2008). *Essstörungen. Ursachen, Symptome, Therapien* (4. überarb. Aufl.). München: C.H.Beck.

Cvitkovich-Steiner , H. (2005). Orthorexie: essender Extremismus. *ernährung heute*, S. 7-8.

Daszkowki, A. (2003). *Das Körperbild bei Frauen und Männern. Evolutionstheoretische und kulturelle Faktoren.* Marburg: Tectum Verlag.

Deges, F. (2019). *Gabler Wirtschaftslexikon. Das Wissen der Experten.* Abgerufen am 09. 02 2019 von Influencer Definition: https://wirtschaftslexikon.gabler.de/definition/influencer-100360

Dilling, H., Mombour, W., & Schmidt, M. (2013). *Internationale Klassifikation psychischer Störungen. ICD-10 Kapitel V (F). Klinisch-diagnostische Leitlinien* (9. Aufl.). Bern: Hans Huber Verlag.

Drenten, J., & Gurrieri, L. (2017). Crossing the #BikiniBridge: Exploring the Role of Social Media in Propagating Body Image Trends. In A. Scheinbaum, *The Dark Side of Social Media. A Consumer Psychology Perspective* (S. 40-70). New York: Routledge.

Ebersbach, A., Glaser, M., & Heigl, R. (2011). *Social Web.* Konstanz: UVK Verlagsgesellschaft mbH.

Eichenberg, C. (2014). Online- Foren für junge Menschen mit selbstschädigenden Problematiken. Pro- Ana- Blogs, Suizid- Boards und Foren zu selbstverletzendem Verhalten. In T. Porsch, & S. Pieschl, *Neue Medien und deren Schatten. Mediennutzung, Medienwirkung und Medienkompetenz* (S. 245-276). Göttingen: Hogrefe.

Eichenberg, C., Flümann, A., & Hensges, K. (2011). Pro-Ana-Foren im Internet. Befragungsstudie ihrer Nutzerinnen. *Psychotherpeut, 56*(6), S. 492-500.

Endres, E.-M. (2018). Essen in den sozialen Medien. *UGB Forum*, S. 269-272.

Faerman, J. (2010). *Faceboom. Wie das soziale Netzwerk Facebook unser Leben verändert.* München: Südwest Verlag.

Fairburn, C., & Harrison, P. (2003). Eating disorders. *The Lancet, 361*, S. 407-416.

Fardouly, J., Pinkus, R., & Vartanian, L. (2016). The impact of appearance comparisons made through social media, traditional media, and in person in women's everyday lives. *Body image, 20*, S. 31-39.

Feierabend, S., Plankenhorn , T., & Rathgeb, T. (2017). *JIM Studie 2017 Basisuntersuchung zum Medienumgang 12- bis 19-Jähriger in Deutschland.* Stuttgart. Von https://www.mpfs.de/fileadmin/files/Studien/JIM/2017/JIM_2017.pdf abgerufen

Fichter, M., & Goebel, G. (1991). Anorexia und Bulimia nervosa. Systematik, medizinische Komplikationen, Ätiologie und Behandlung. *Der Internist, 32*, S. 38-49.

Firsching, J. (2014). *Future Biz.* Abgerufen am 10. 02 2019 von Social Media Feeds sind die neuen und besseren Startseiten.: http://www.futurebiz.de/artikel/social-media-feeds-sind-die-neuen-besseren-startseiten/

Forster, J. (2002). *Körperzufriedenheit und Körpertherapie bei essgestörten Frauen. Eine empirische Vergleichsstudie und die Darstellung eines körpertherapeutischen Behandlungskonzeptes bei Essstörungen.* Herbolzheim: Centaurus.

Geuter, U. (2006). Körperpsychotherapie – Der körperbezogene Ansatz im neueren wissenschaftlichen Diskurs der Psychotherapie Teil 2. *Psychotherapeutenjournal*(3), S. 258-264.

Ghaznavi, J., & Laramie, T. (2015). Bones, body parts, and sex appeal: An analysis of #thinspiration images on popular social media. *Body images, 14*, S. 54-61.

Hansbauer, B. (2012). Waist-Hip-Ratio – ein nützlicher Parameter? *Zeitschrift für Allgemeinmedizin*, S. 151-152.

HBSC-Studienverbund Deutschland. (2015). *Studie Health Behaviour in School-aged Children – Faktenblatt „Körperbild und Diätverhalten von Kindern und Jugendlichen".* Von http://www.gbe-bund.de/pdf/Faktenbl_koerperbild_diaetverhalten_2013_14.pdf abgerufen

Health Jade. (2019). *Waist Hip Ratio.* Von https://healthjade.com/waist-hip-ratio/ abgerufen

Heinrichs, N., & Lohaus, A. (2011). *Klinische Entwicklungspsychologie kompakt. Psychische Störungen im Kindes- und Jugendalter.* Weinheim: Beltz.

Herpertz, S., De Zwaan, M., & Zipfel, S. (2015). *Handbuch Essstörungen und Adipositas* (2. Aufl.). Berlin, Heidelberg: Springer.

Herpertz, S., Herpertz-Dahlmann, B., Fichter, M., Tuschen-Caffier, B., & Zeeck, A. (2011). *S3-Leitlinie Diagnostik und Behandlung der Essstörungen.* Berlin, Heidelberg: Springer.

Hogrefe. (2016). *Hogrefe.* Abgerufen am 29. 11 2018 von https://www.hogrefe.de/themen/klinik/klassifikationssysteme/artikel?tx_news_pi1%5Bnews%5D=313&cHash=ed8e44fa02460a90df575695a6cb5af4

Holland, G., & Tiggemann, M. (2017). "Strong Beats Skinny Every Time": Disordered Eating and Compul sive Exercise in Women Who Post Fitspiration on Instagram. *International Journal of Eating Disorders, 50*, S. 76-79.

Hölling, H., & Schlack, R. (2007). Essstörungen im Kindes- und Jugendalter. *Bundesgesundheitsblatt - Gesundheitsforschung - Gesundheitsschutz, 50*(5), S. 794-799.

Huffington Post. (2012). *Instagram Bans 'Thinspo': Photo-Sharing App Updates Community Guidelines.* Abgerufen am 30. 12 2018 von https://www.huffingtonpost.com/entry/instagram-bans-thinspo-ph_n_1445863?ec_carp=336401715194610561&guccounter=1

Instagram. (2016). *#a4waist.* Abgerufen am 05. 02 2019 von https://www.instagram.com/p/BD6HCngilKO/

Instagram. (2017). *Instagram #abcrack.* Abgerufen am 29. 12 2018 von https://www.instagram.com/p/BYCI5bTlJx-/

Instagram. (2017). *Instagram #bellybuttonchallenge.* Abgerufen am 30. 12 2018 von https://www.instagram.com/p/BS1W2e9DeX_/

Instagram. (2018). *#thinspiration.* Abgerufen am 29. 12 2018 von https://www.instagram.com/explore/tags/thinspiration/top/

Instagram. (2018). *Instagram #bikinibridge.* Abgerufen am 30. 12 2018 von https://www.instagram.com/p/Br-t06gh97v/

Instagram. (2019). *#fitspiration.* Abgerufen am 06. 02 2019 von https://www.instagram.com/explore/tags/fitspiration/

Jacobi, C., Paul, T., & Thiel, A. (2004). *Essstörungen.* Göttingen: Hogrefe.

Keupp, H., Ahbe, T., Gmür, W., Höfer, R., Mitzscherlich, B., Kraus, W., & Sraus, F. (1999). *Identitätskonstruktionen. Das Patchwork der Identitäten in der Spätmoderne* (3. Aufl.). Rowohlt Taschenbuch Verlag.

Klotter, C., Depa, J., & Humme, S. (2015). *Gesund, gesünder, Orthorexia nervosa. Modekrankheit oder Störungsbild? Eine wissenschaftliche Diskussion.* Wiesbaden: Springer.

Kobilke, K. (2015). *Erfolgreich mit Instagram: Mehr Aufmerksamkeit mit Fotos & Videos* (2. überarb. Aufl.). mitp-Verlag.

Kompetenzzentrum für Menschen mit Essstörungen. (2018). *sowhat. Kompetenzzentrum für Menschen mit Essstörungen.* Abgerufen am 27. 11 2018 von http://www.sowhat.at/essstoerungen/haeufige-fragen/

Kong, S. (2015). Instagram: The Real Stranger Danger. *Advanced Writing: Pop Culture Intersections.*

Koppetsch, C. (2000). *Körper und Status. Zur Soziologie der Attraktivität.* Konstanz: UVK.

Kromeyer-Hauschild, K., Wabitsch, M., & Kunze, D. (2001). Perzentile für den Body-mass-Index für das Kindes- und Jugendalter unter Heranziehung verschiedener deutscher Stichproben. *Monatsschrift Kinderheilkunde, 149*(8), S. 807-818.

Kühne, S., & Hintenberger, G. (2009). *Handbuch Online-Beratung. Psychosoziale Beratung im Internet* (2. Aufl.). Göttingen: Vandenhoeck & Ruprecht.

Lampert, C., Schmidt, J.-H., & Schulz, W. (2009). *Jugendliche und Social Web. Fazit und Handlungsbereiche.* Düsseldorf: Vistas Verlag.

Le Messurier, D. (2015). *perth now.* Abgerufen am 30. 12 2018 von 'Collarbone challenge beauty craze' feeds eating disorders among WA young women: https://www.perthnow.com.au/news/wa/collarbone-challenge-beauty-craze-feeds-eating-disorders-among-wa-young-women-ng-1dd5372fea91311fa29740575275dc02

Legenbauer, T., & Vocks, S. (2014). *Manual der kognitiven Verhaltenstherapie bei Anorexie und Bulimie* (2. vollst. überarb. u. erw. Aufl.). Berlin, Heidelberg: Springer.

Mabe, A., Forney, K., & Keel, P. (2014). Do you "like" my photo? Facebook use maintains eating disorder risk. *International Journal of Eating Disoreders, 47*, S. 516-523.

Manovich, L. (2006). Bedeutsame Schönheit: Datenvisualisierung als Neue Abstraktion und Anti-Erhabenes. In L. Haustein, & P. Stegmann , *Schönheit. Vorstellungen in Kunst, Medien und Alltagskultur.* Göttingen: Wallstein Verlag.

Martin, A., & Svaldi, J. (Oktober 2015). Körperbild und Körperstörungen. *Psychotherapeut, 60*(6), S. 475-476.

Mayer, J. (2016). *InStyle.* Abgerufen am 05. 02 2019 von A4 Challenge: Das steckt hinter dem gefährlichen Instagram-Trend: https://www.instyle.de/stars/beyonce-bucht-model-mit-muskeldystrophie-fuer-ihre-neue-kampagne

Mikos, L., Hoffmann, D., & Winter, R. (2009). *Mediennutzung, Identität und Identifikationen. Die Sozialisationsrelevanz der Medien im Selbstfindungsprozess von Jugendlichen* (2. Aufl.). Juventa.

Miles, J. (2013). *Instagram Power. Build Your Brand and Reach More Customers with the Power of Pictures.* New York: Mc-Graw Hill.

Möller, H.-J., Laux, G., & Kapfhammer, H.-P. (2002). *Psychiatrie und Psychotherapie* (2. neu bearb. u. erg. Aufl.). Stuttgart: Springer.

Naue, J. (2016). *Instagram als Plattform für Frauen mit Essstörung.* Abgerufen am 29. 12 2018 von https://www.heise.de/newsticker/meldung/Instagram-als-Plattform-fuer-Frauen-mit-Essstoerung-3287352.html

Pandey, M., & Miklautsch, M. (2010). Body Composition - Taille-Hüft-Verhältnis und Hautfaltendicke. *Journal für Ernährungsmedizin, 12*, S. 12-16.

Pauli, D. (2018). *Size Zero. Essstörungen verstehen, erkennen und behandeln.* München: C.H.Beck.

Pfreundschuh, W. (2016). *Kulturkritik.* Abgerufen am 15. 11 2018 von https://kulturkritik.net/kultur/skizzen/index.php

Pietrowsky, R., & Barthels, F. (2016). Orthorexia nervosa – Lebensstil oder gesellschaftlich relevantes Krankheitsbild? *Public Health Forum, 24*, S. 189-190.

Pöhlmann, K., & Joraschky, P. (2006). Körperbild und Körperbildstörungen: Der Körper als gestaltbare Identitätskomponente. *Psychotherapie im Dialog, 7*, S. 191-195.

Prichard, I., McLachlan, A., Lavis, T., & Tiggemann, M. (2018). The Impact of Different Forms of #fitspiration Imagery on Body Image, Mood, and Self-Objectification among Young Women. *Sex Roles, 78*, S. 789-798.

Rabeder-Fink, I., Palka, V., Brandstetter, M., Schrattenecker, A., & Steininger, I. (2016). *X-Act Essstörungen. Materialien zur Prävention von Essstörungen in der Schule.* (Institut Suchtprävention, Hrsg.) Leonding: print-it.

Ramelow, D., Teutsch, F., Hoffmann, F., & Felder-Puig, R. (2015). *Gesundheit und Gesundheitsverhalten von österreichischen Schülerinnen und Schüler. Ergebnisse der WHO-HBSC-Survey.* Wien: Kopierstelle des BMG.

Rauchensteiner, V. (2013). *Essstörungen im Sport. Körperkult - Schlankheitswahn - Anorexia athletica.* Hamburg: Diplomica Verlag.

Reade, J.-A. (2016). The Female Body on Instagram: Is Fit the New It? *International Journal of Undergraduate Research, 9*.

Reich, G., Götz-Kühne, C., & Killius, U. (2004). *Essstörungen. Magersucht - Bulimie - Binge Eating.* Stuttgart: Trias.

Remschmidt, H. (2011). *Kinder- und Jugendpsychiatrie. Eine praktische Einführung* (6. überarb. Aufl). Georg Thieme Verlag.

Roth, P. (2018). *AllFacebook.de.* Abgerufen am 05. 02 2019 von https://allfacebook.de/instagram/instagram-nutzer-deutschland

Roth, P. (2019). *AllFacebook.de.* Abgerufen am 05. 02 2019 von https://allfacebook.de/toll/state-of-facebook?period=1month

Saferinternet. (2018). *Pro-Ana und Pro-Mia: Magertrend im Internet.* Abgerufen am 28. 12 2018 von https://www.saferinternet.at/news-detail/pro-ana-und-pro-mia-magertrend-im-internet0/

Saß, H., Wittchen, H.-U., Zaudig, M., & Houben, I. (2003). *Diagnostisches und Statistisches Manual Psychischer Störungen – Textrevision.* Göttingen: Hogrefe.

Schmidt, J.-H. (2013). *Social Media.* Wiesbaden: Springer.

Simchen, H. (2016). *Essstörungen und Persönlichkeit. Magersucht, Bulimie und Übergewicht. Warum Essen und Hungern zur Sucht werden* (2. überarb. Aufl.). Stuttgart: Kohlhammer.

Simpson, C., & Mazzeo, S. (2016). Skinny Is Not Enough: A Content Analysis of Fitspiration on Pinterest. *Health Communication, 32*, S. 560-567.

Spiegel Online. (2007). *"Pro-Ana" im Internet. Anas 10 Gebote.* Abgerufen am 30. 12 2018 von www.spiegel.de/lebenundlernen/schule/a-489889.html

Statista. (2018). *Anzahl der Nutzer von Facebook in Österreich in ausgewählten Monaten von 2013 bis 2017 (in Millionen).* Abgerufen am 12. 14 2018 von https://de.statista.com/statistik/daten/studie/296115/umfrage/facebook-nutzer-in-oesterreich/

Statista. (2018). *Facebook - Statistics & Facts.* Abgerufen am 13. 12 2018 von https://www.statista.com/topics/751/facebook/

Statista. (2018). *Statistiken zu Instagram.* Von https://de.statista.com/themen/2506/instagram/ abgerufen

Sutter, T. (2010). *Medienanalyse und Medienkritik. Forschungsfelder einer konstruktivistischen Soziologie der Medien.* Wiesbaden: Verlag für Sozialwissenschaften.

Tiggemann, M., & Slater, A. (2013). NetGirls: The Internet, Facebook, and Body Image Concern in Adolescent Girls. *International Journal of Eating Disorders, 46*(6), S. 630-633.

Tiggemann, M., & Zaccardo, M. (2015). "Exercise to be fit, not skinny": The effect of fitspiration imagery on women's body image. *Body Image, 15*, S. 61-67.

Tiggemann, M., & Zaccardo, M. (2016). 'Strong is the new skinny': A content analysis of #fitspiration images on Instagram. *Journal of Health Psychology, 23*, S. 1003-1011.

Tomczak, J. (2003). Körperanalysen: Die bioelektrische Impedanzanalyse BIA. *FIT Wissenschaftsmagazin der Deutschen Sporthochschule Köln*, S. 34-40.

Turner, P., & Lefevre, C. (2017). Instagram use is linked to increased symptoms of orthorexia nervosa. *Eating and Weight Disorders, 22*, S. 277-284.

Tuschen-Caffier, B., & Florin, I. (2002). *Teufelskreis Bulimie. Ein Manual zur psychologischen Therapie.* Göttingen, Bern, Toronto, Seattle : Hogrefe.

University of Haifa. (2011). *Facebook users more prone to developing eating disorders, study finds.* Abgerufen am 02. 01 2019 von ScienceDaily: https://www.sciencedaily.com/releases/2011/02/110207091754.htm

Waldrich, H. (2004). *Perfect Body. Körperkult, Schlankheitswahn und Fitnessrummel .* Köln: PapyRossa Verlag.

Walsh, G., Hass, B., & Kilian, T. (2011). *Web 2.0. Neue Perspektiven für Marketing und Medien* (2. Aufl.). Berlin, Heidelberg: Springer.

Westenhöfer, J. (1992). *Gezügeltes Essen und Störbarkeit des Eßverhaltens .* Göttingen, Toronto. Zürich: Hogrefe.

Wimmer-Puchinger, B., & Langer, M. (2011). *Indikationen zur stationären Behandlung von PatientInnen mit Anorexia nervosa. Konsensuspapier.* Wien: AV+Astoria Druckzentrum GmbH.

Wimmer-Puchinger, B., Gutiérrez-Lobos, K., & Riecher-Rössler, A. (2016). *Irrsinnig weiblich - Psychische Krisen im Frauenleben. Hilfestellung für die Praxis.* Berlin, Heidelberg: Springer.

Wunderer, E. (2015). *Praxishandbuch Soziale Arbeit mit Menschen mit Essstörungen .* Weinheim, Basel: Beltz Juventa.

Wunderer, E., & Schnebel, A. (2008). *Interdisziplinäre Essstörungstherapie. Psychotherapie, Medizinische Behandlung, Sozialpädagogische Begleitung, Ernährungstherapie.* Weinheim, Basel: Beltz Juventa.

Abbildungsverzeichnis

Abbildung 1 BMI Gewichtstabelle basierend auf WHO 10

Abbildung 2 BMI-Tabelle: vergleich zwischen Männern und Frauen 10

Abbildung 3 Perzentillenkurven für den BMI der Mädchen von 0-18 Jahren 11

Abbildung 4 Waist-Hip-Ratio 12

Abbildung 5 Ab Crack 31

Abbildung 6 Bikini Bridge 32

Abbildung 7 Thigh Gap 32

Abbildung 8 Belly Button Challenge 33

Abbildung 9 Collarbone-Challenge 34

Abbildung 10 A4 Waist Challenge 34

Abbildung 11 Anas 10 Gebote 37